촉촉한 감성과 자아를 찾아 떠나는 마음 여행

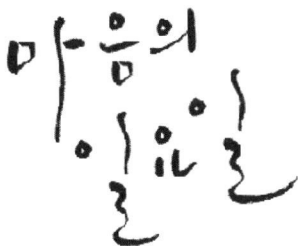

'KOKORO NO NICHIYOBI-45-nin no counselor ga kataru kokoro to
kimochi no hogushi-kata' edited by Taizo Sugano
Copyright ⓒ 1994 by Taizo Sugano.
All rights reserved.
Original Japanese edition published by Houken Corp, Tokyo.

This Korean edition published by arrangement with Houken Corp, Tokyo in care of
Tuttle-Mori Agency, inc, Tokyo.
Korea Translation Copyright ⓒ 2010 by Big Tree Publishing Co.

이 책의 한국어판 저작권은 Tuttle-Mori Agency를 통해 Houken Corp, Tokyo와 독점 계약한 큰나무에
있습니다. 저작권법에 의해 한국 내에서 보호를 받는 저작물이므로 무단전재와 무단복제를 금합니다.

촉촉한 감성과 자아를 찾아 떠나는 마음 여행

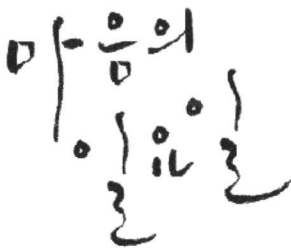

이 책을 읽기 전에

　카운슬러, 사이코 세라피스트, 임상 심리사, 심리요법의, 심리 임상의 등등 우리를 부르는 호칭은 여러 가지이다. 여기서는 일단 카운슬러라고 통일하겠지만, 카운슬러에도 여러 종류가 있으니 '심리 카운슬러'라고 해 두는 것이 혼란을 막는데 도움이 될 것이라 생각한다.
　또한 이 책에는 여러 명의 '클라이언트'가 등장한다.
　클라이언트란 갖가지 고민과 고통을 가지고 우리들에게 카운슬링이나 심리요법을 받으러 오는 사람들을 말한다. 클라이언트의 이야기를 차분하게 들어주고, 클라이언트와 고락을 함께함과 동시에 문제를 해결해 나가는 것이 우리의 업무이다. 때론 한 번의 상담으로 끝나기도 하지만 5년~10년에 걸쳐 상담을 하는 경우도 있다. 이 책은 우리가 만났던 수많은 클라이언트와의 만남과 이별을 통해 우리가 생각하고 느껴온 것들 중 일부를 소개한 것이라고 해도 좋을 것이다.(단, 책 속에 소개된 사례들은 저자에 따라 적당히 각색한 경우도 있다. 다시 말해 사실을 있는 그대로 묘사한 것만 있는 것은 아니다. 클라이언트의 사생활 보호 또한 우리의 중요한 의무이기 때문에 이 점은 널리 양해해 주기 바란다.)

심리 카운슬러는 병원에 있으면서 의사와는 다르고 교육 현장에도 있지만 교사와 다른, 닮았지만 전혀 다른 업무를 한다. 우리는 의사처럼 '고치는', 교사처럼 '가르치는' 일을 하지 않는다. 고독하고 피로에 찌든 클라이언트를 위로하고 가능한 밀접한 관계를 만들어 그 속에서 자신의 문제를 새로운 측면에서 생각할 수 있도록 도와준다. 그것은 미력하지만 그 사람의 '인생'이라 불리는 것과 함께 동행하는 것이라고도 할 수 있다.

이번에 글을 써 준 카운슬러는 모두 제1선에서 활약하고 있는 카운슬러의 대가들이라고 할 수 있다. 젊은 편집자의 입장에서는 진땀을 흘릴 정도로 고명한 사람들이다. 이 기획을 흔쾌히 허락해준 유명한 카운슬러들의 부드럽고 따뜻한 마음이 독자 여러분들의 마음에도 충분히 전해지길 바란다. 그리고 이 책이 일조를 해 '카운슬러'라는 일의 존재 가치가 더욱 널리 알려지고 깊이 이해할 수 있게 된다면 편집자에게 있어 그 이상의 행복은 없을 것이다.

차례

이 책을 읽기 전에   4

 세월 첫 페이지를 넘기면

초심은 잊어야 한다   14
괴짜는 아무나 되나   17
행복한 고양이   20
거짓말은 정신 건강에 좋다   23
아무런 목적 없이   26
개미와 베짱이의 재회   29
게임에서 배운다   32
인생의 벽   35
카운슬링의 의미   39
당신의 인생은 지금 몇 시?   42
공평함도 죄?   45
기분과 마음을 풀어주는 방법   48
잡담   51

분위기를 풍기는 말　54
자신의 시간은 비매품　57
'도련님'의 정신만 이어받아　60
달갑지 않은 친절　63
현대판 오린 할머니　66
치매　69
너무 튀어나온 말뚝　72
골을 향해 뛰어가는 순간　75
큰 나무는 뿌리가 깊다　78
만약 세상이 험했다면　81
심리학으로도 마음은 알 수 없다　84

02 마음의 오솔길을 걷다

처음부터 잘할 수는 없다　88
수상한 심리학자　91
먼저 자기관찰부터　93
너무 많이 아는 것은　96
있는 그대로의 가치　99
외출용 얼굴　102
말로 표현하지 않으면　105

고민 방법에도 습관이 있다　108
방법을 바꾸세요　111
'왜' 보다 '어떻게' 가 중요해　114
간발의 차　117
소극적 경험　120
카운슬러가 도움이 되려면　123
멈춰 선 인생의 시간　125
빈틈이 없으면 무너진다　128
택시 기사에게 배우다　131
남겨진 가족에게도　134
공간의 감촉　137
화가 나는 이유　140
안전과 자유　143
젊어서 고생은 골병만 든다　146
지금 고통스러운 것은　149

길을 잃은 나에게 묻다

요령 피우기　154
아이의 마음　157
소년이 보여준 강한 의리　160
아버지의 위엄　163

새끼오리 백조가 되다　166
체면이 밥 먹여 주나　169
사망 뉴스 다음인데　172
서투른 애정보다 현금　175
자녀교육의 목표　178
반항하는 아이는 잘 큰다　181
등교거부와 우주론　184
아이의 미래는 어디일까?　186
모모타로(桃太郎)　189
시대의 청년들　192
솔개는 매를 키울 수 없다　195
아이의 빛나는 지혜　198
마음속에 살고 있는 아이　201

 내 안으로의 초대

햄릿의 불면증　206
몸과 마음은 아주 친하다　209
훌륭한 '고민 방법'　212
심오한 낮잠　215
알고는 있지만　218

멈출 수 없어　221
무의식의 지혜　224
새 삶을 찾아서　227
그건 양보 못 해　230
사람은 신이 아니다　233
울 수 있으면 편해진다　236
규칙 허물기　239
잘 노는 것도 경쟁력　242
조루성 치매　245
'스트레스 해소'의 방법　248
고통을 한방에　251
업어줘 귀신은 업어줘야　254
감정은 그 자리에서 푼다　257
마음의 배터리　260

비상을 꿈꾸는 힘의 날개

마음의 정리　266
몸은 거짓말을 하지 않는다　269
끝까지 들어도　272
마음의 감기　275
모르면 모르는 채로　278

오셀로 게임과 같은　　281
반쪽의 균형　　284
마음의 날씨　　287
회전문의 날개　　290
꿈과의 동행　　293
몸에서 마음으로 이어지는 릴렉세이션(relaxation: 이완, 완화)　　296

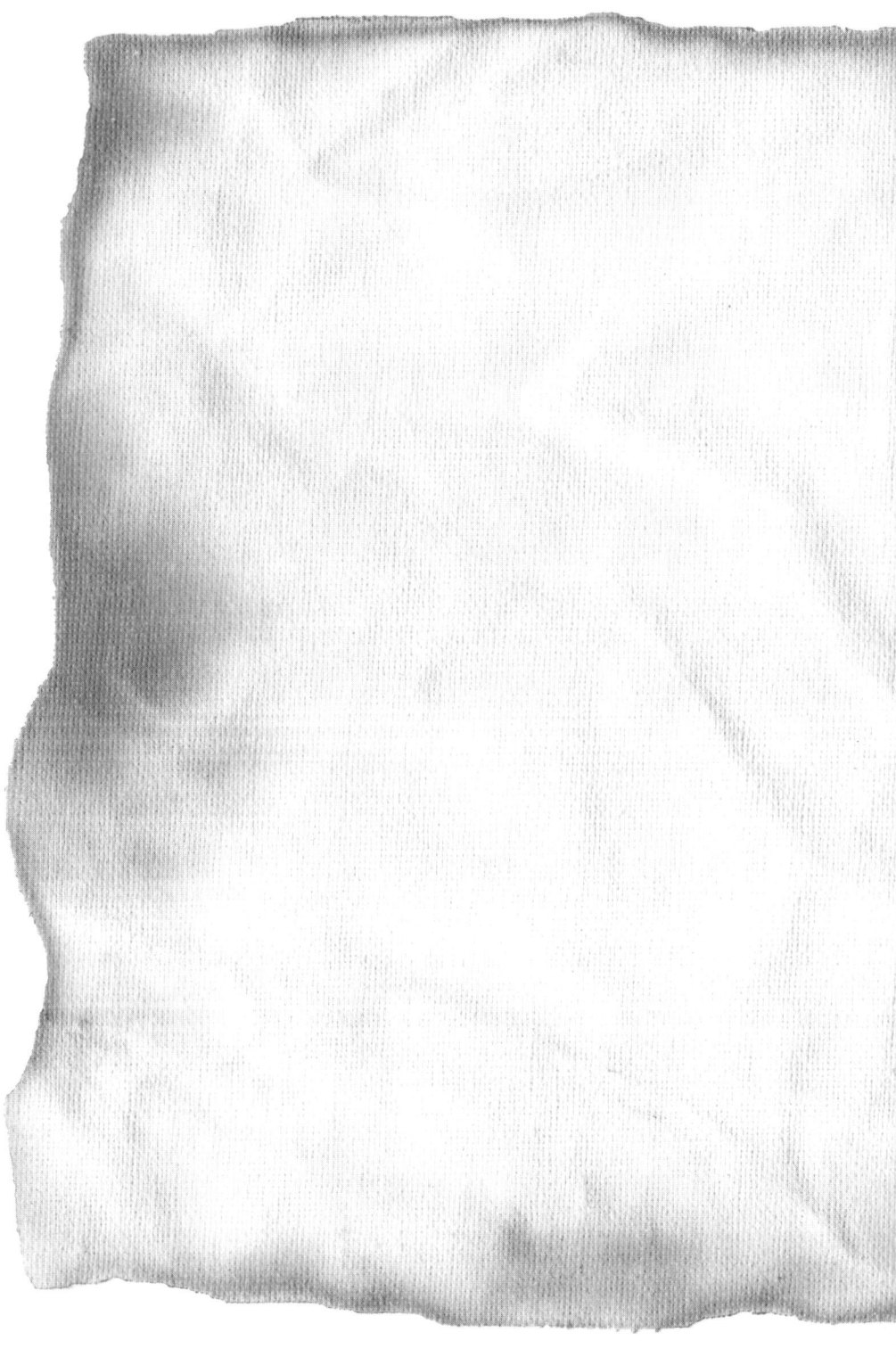

제1장

세월 첫 페이지를 넘기면

 초심은 잊어야 한다

'초심을 잊지 말라.'는 격언이 있다. 대부분의 사람들은 이 말에 주눅이 들곤 한다. '언제부턴가 내가 초심을 잃어 버렸군.' 그런 생각이 들 때, 굳게 결심했던 이전의 자신을 되돌아보게 되고, 자기 자신에 대해 실망을 하게 된다.

모 대학 3학년생이 카운슬링 센터를 찾아왔다. 그는 신입생 시절 대학공부는 물론 어학공부도 열심히 해서 유학을 간 다음 장래에 국제화 시대에 걸맞은 외교관이 되겠다는 꿈에 부풀어 있었다. 하지만 가입한 동아리 활동에 푹 빠져 학생의 본분인 공부는 등한시하게 되었고, 현재 즐거운 하루하루를 보내고 있지만 과연 이대로 좋은 건지 고민하고 있는 중이었다. 신입생 시절에는 지금과 다른 학창시절을 보낼 예정이었다고 말하는 것이었다.

또 직장인 B씨는 오랜만에 동창회에 참석했다가 다른 친구들이 열정적으로 사는 모습에 충격을 받았다. 신입사원 시절의 열정과 패기를 잊어버리고 살아온 자신이 너무나 형편없다고 느껴진 것이다. 우리는 가끔 '이게 아닌데'라고 생각하게 된다. 누구나 뭔가에 대해 '이럴 생각이 아니었는데'라고 생각한 적이 있을 것이다. 그 한편에는 '초심을 잊어서는 안 된다.'는 의미가 내포돼 있는 듯하다.

초심을 잊지 않는 것이 당연한 미덕처럼 여겨지는 건 물론이고 그런 사람을 보면 무조건 존경심을 갖게 된다. 또한 우리는 초심을 잊지 않는 자신을 발견하고 '나는 변하지 않았다.'고 몰래 안심하기도 한다. 혹은 안심하기 위해 초심을 잊지 않은 자신을 찾아내려고 하는 경우도 있다. 하지만 그런 자신을 찾아내지 못하게 되면 심한 자괴감에 빠지게 된다.

그런 사람에게 나는 다음과 같이 말해주고 싶다.

"대부분의 사람들이 초심을 잊어버립니다. 원래 잊는 게 당연합니다. 잊지 않는 게 훌륭한 것일지는 모르지만 꼭 그렇게 훌륭한 사람이 될 필요가 있을까요? 게다가 사람들은 시간 혹은 자신의 주변 환경과 함께 변해가는 것입니다. 몇 년이 지나면 당시에 생각했던 자신과 완전히 다른 모습일 수도 있습니다. 초심을 절대 잊지 않는 사람은 어떤 의미에서 경직된 인생을 살고 있다고 할 수 있고, 그렇게 생각해 보면 그다지 훌륭하다고 여겨지지 않네요."

'지금 상태로는 안 돼'라고 생각하는 것은 괜찮다. 하지만 그렇다고 해서 초심으로 돌아가는 것, 초심을 다시 찾는 게 좋다고는 생각하지 않는다. 왜냐하면 처음의 당신과 지금의 당신은 나이나 주변 상황이 바뀌었기 때문이다. 결국 지금 자신의 모습에서 더 세련된 미래의 자신을 지향하는 게 좋지 않을까?

> **Kiy point**
> **생각하는 사람의 습관은 이것부터 다르다!**
>
> 초심으로 돌아가는 것이 꼭 좋은 것만은 아니다. 나이나 주변 상황에 따라 처음의 당신과 지금의 당신, 앞으로의 당신은 끊임없이 변화할 것이기 때문이다.

괴짜는 아무나 되나

'사람들의 인정을 받고 싶다. 사람들이 자신을 어떻게 생각하는지 신경 쓰인다. 손가락질당하기 싫다.'고 호소하며 찾아오는 사람들이 상당히 많다.

이것은 '우리나라 사람들 대부분이 공유하고 있는 특성이다.'라고 단언하는 학자가 있을 정도니 이런 종류의 고민을 가진 사람이 상당히 많을 것이라고 생각한다. 이런 고민을 호소하는 사람에게 나는 '괴짜 요법'을 시험하고 있다. 즉 '괴짜 추천'을 하고 있는 것이다.

한 중년 샐러리맨이 있다.

"저는 의사가 술을 마시지 말라고 하고, 술 때문에 수도 없이 실수를 했지만…… 누군가 권하면 거절을 하지 못하고, '내 술을 받지 않겠다는 건가' 라는 상사의 한 마디에, 마시면 안 된다고 생각하면서도 결국 술을 입에 대고 맙니다. 제 의지가 너무 약한 걸까요……."

이렇게 알코올에 의존하는 경향이 있는 그 사람에게 "어떻게 하면 주변 사람들이 당신을 괴짜로 여길지 한번 생각해 봅시다."라고 그야말로 황당한 제안을 한다. 그는 의아한 눈초리로 나를 쳐다보지만 다시 한 번 "괴짜라고 여기게 되면 나중에 원망을 덜하게 될 겁니다."라고 덧붙여주면 그는 속으로 '보통 사람으로 살아가는 피로'를 덜기 위해 노력하게 된다.

'사람들에게 인정받고 싶다.'고 하는 심리 뒤편에는 놀랄 만큼 자신에 대한 애착이 감춰져 있는 경우가 많다. 남들이 평범하게 봐주길 바라면서도 실은 보통 이상으로 봐주길 바라는 기대감이 있는 것이다. 그러므로 일단 괴짜가 돼서 한번 튀는 행동을 한 다음 어떤 면이 괴짜다웠는지, 혹은 어떤 면이 평범했는지를 주변 사람들에게 물어보라. 어찌 되었든 사람들에게 '어차피 그 사람이 하는 일이 다 그렇지 뭐' 라는 말을 듣게 된다면 이 괴짜 요법은 완성된다.

제멋대로 행동하지만, 왠지 허탈한 웃음만 짓게 하는 독특한 사람들이 우리 주변에는 꽤 많다. 이것은 코미디언들이 상당히 심한 폭언을 내뱉어도 '원래 그런 사람이니까……' 라고 치부해 버리는 것과 마찬가지라고 할 수 있다.

게다가 이 '괴짜 요법'은 실제로 괴짜가 되는 것 이상으로 '괴짜'를 스스로 받아들여가는 과정이 중요하며 그 결과 '손가락질당하고 싶지 않다.'에서 '손가락질당해도 상관없다.'로 바뀌고 더 나아가 '손가락질당하고 싶다.'는 경지에까지 이른다면, 그다음은 '아주 잘 손가락질당하는 방법'에 대해 검토한다. 그 정도가 되면 더 이상 두려울 것이 없게 된다.

Key point
생각하는 사람의 습관은 이것부터 다르다!

실제로 괴짜가 되는 것 이상으로 '괴짜'를 스스로 받아들여가는 과정이 중요하며, '손가락질당하는 것'에도 더 이상 두렵지 않다.

행복한 고양이

R씨는 아주 착실하고 양심적인 사람이다. 엄한 아버지 밑에서 자란 때문인지 무슨 일이건 '내 잘못이다.' '내가 부족했다.' 하며 자책하는 경향이 있고 항상 풀이 죽어 있었다. 때문에 헌신적이리만큼 열심히 일하지만 어떤 직장에서도 오래 버티지 못한다.

"저는 역시 부족한 게 많은가 봐요. 다른 사람들은 쉽게 하는 일도 저는 너무 힘들어요. 이런 저 때문에 회사 동료들을 힘들게 하는 것 같아 어깨가 무거워져 회사를 그만두고 싶을 때도 있어요."

R씨는 울면서 하소연했다. 하지만 직속 상사의 이야기를 들어 보면 직장동료 중에 그녀를 원망하거나 비난하는 사람이 있는 것 같지 않다.

"그녀에게는 신경을 많이 쓰고 있습니다. 금세 풀이 죽어 회사를 그만두겠다는 말을 곧잘 해서 그녀를 위로하는 데도 고생이 이만저만이 아닙니다. 정작 반성해야 할 사람은 전혀 반성의 기미가 보이지 않지만, 자신을 갖고 당당하게 행동해주길 바라는 그녀가 오히려 자신 탓이라고 생각하며 항상 풀이 죽어 있습니다. 세상 참 이해하기 힘든 일들이 많습니다."

R씨를 카운슬링 센터에 소개한 상사는 정말 곤란하다는 듯 한숨을 내쉬었다. 반성하지 않는 부하 때문에도 고생을 하지만 반성만 하고 풀이 죽어 있는 부하를 어떻게 대해야 할지 몰라 더욱 힘들어하는 것 같았다. 카운슬러는 R씨의 마음을 조금이라도 가볍게 해주기 위해 고양이 이야기를 해주기로 했다.

"우리 집에 있는 고양이는 아무 도움도 되지 않습니다. 집에 쥐가 있는 것도 아니고 개처럼 집을 지키지도 않습니다. 하루 세 끼 다 챙겨 먹고 잠만 자죠. 생각해보면 아주 뻔뻔한 녀석이죠."

"맞아요. 제가 그 고양이라면 밥도 먹을 수가 없을 겁니다. 주인한테 너무 죄송하니까요."

"그렇죠? 하지만 우리 고양이는 태도가 정말 건방집니다. 밤마다 몰래 나돌아다니고, 흙 묻은 발로 이불 속에 들어오고, 좋아하는 것만 먹고, 다 마른 세탁물 위에서 잠을 자는 등, 생각해보면 미운 짓만 골라서 하죠. 하지만 식구들은 고양이에게 화를 내기는커녕 그런 고양이를 너무 귀엽게만 여기는걸요."

"그건 그래요. 고양이는 원래 귀여우니까요. 아무 도움도 되지 않지만 그저 존재한다는 것만으로도 귀여움을 받죠……."

"그건 제멋대로 행동하는 고양이가 행복해 보이기 때문이 아닐까요? 매일 어두운 얼굴을 하고 풀이 죽어 있으면 보는 사람도 힘들겠죠."

"맞아요! 저도 앞으로는 고양이처럼 사는 연습을 해야겠습니다. 그 고양이 사진을 제게 주실 수 있나요?"

R씨는 처음으로 환하게 웃는 모습을 보여주고 돌아갔다.

> **Kiy point**
> **생각하는 사람의 습관은 이것부터 다르다!**
>
> 제멋대로 행동하면서 즐거움을 주고 귀여움 받는 고양이처럼 아무런 도움이 되지 않는 사람이라도 다 쓸모가 있는 법이다.

거짓말은 정신 건강에 좋다

거짓말쟁이는 도둑질의 시작이고, 쉽게 거짓말을 하는 사람은 도둑질도 아무렇지 않게 생각하게 된다고 말한다.

가끔 질문 형식의 성격 검사에 허구척도라고 해서 사회적으로는 상당히 필요하지만 실생활에서는 거의 소용이 안 되는 내용의 질문 항목이 실려 있다. 예를 들어 '나는 거짓말을 한 적이 없다.' 이런 질문은 점수가 너무 높아 테스트에 대한 신뢰가 떨어지기 때문에 적절한 평가가 불가능하다.

과거 국민소득 증대를 약속했던 위정자 중 "나는 거짓말을 하지 않습니다."에서부터, 좌절을 맛본 정치가들이 인터뷰 중 "나는 거짓말을 한 적이 없다."에 이르기까지 정치판은 거짓으로 넘쳐나고 있다. 공약이라는 것들 대부분이 거짓이라고 해도 과언이 아닐 것이다. 아마도 정치가들은 이런 성격 검사 등을 필요로 하는 대상에서 제외된 사람들일지도 모른다.

'국민을 대표하는 정치가가 거짓말을 한다는 것은 국민에게 거짓말을 하라고 가르치는 것과 같다.' 는 말은 일리 있는 말이기는 하지만, 그렇다고 해서 이것이 정치가에 대한 비난은 될 수 없다. 왜냐하면 성격 검사에 응하는 일반 사람들이라면 대부분 '나는 거짓말을 한 적이 없다.' 에 '아니오.' 라고 대답할 것이기 때문이다. '오십보백보, 한통속, 어차피 사람들은 거짓말쟁이다, 비겁하다, 신용할 수 없다.' 라는 결론이 나온다.

게다가 인간은 점점 거짓말이 늘게 돼 있다. 거짓말을 하게 되면 흔히 거짓말쟁이라는 꼬리표가 붙게 되는데 거짓말을 한다는 것은 고도의 정신적 달성이라 할 수 있다. 자신의 내면을 가지고 있다는 것, 비밀을 감춰야 하는 대상이 존재한다는 것, 다시 말해 자신의 내면과 외면, 자신과 대상의 명확한 분리가 바로 그것이다.

또한 거짓을 감추기 위해 동반되는 정신적 에너지 소모를 누구나 경험했을 것이다. 때문에 대부분 끝까지 거짓을 감추지 못하고 결국 솔직하게 모든 걸 털어놓거나 자연스럽게 암시를 보내는 경우도 있다. 이럴 때 그런 마음을 알아주지 않아서 고통을 맛본 경험이 누구나 한 번쯤은 있을 것이다. 거짓말을 하면 거짓말쟁이라는 꼬리표가 붙게 되지만 그건 한순간이고 상대가 거짓이라는 걸 깨달음으로써 그것은 이미 거짓말도 진실도 그 어떤 것도 아니며 더 이상 거짓은 존재하지 않게 된다.

거짓도 하나의 방법이 될 수 있다. 일을 원활하게 진행시키기 위해서 거짓말을 하지 않으면 안 되는 경우가 있는 것이다. 하나의 수단으로서 때로는 거짓이 필요하다는 설교를 하려는 것이 아니다. 단적으로 '거짓말을 해도 좋다, 거짓을 유지할 수 있는 정신력을 길러라.' 하는 부도덕한 말을 감히 말해보고 싶은 것이다.

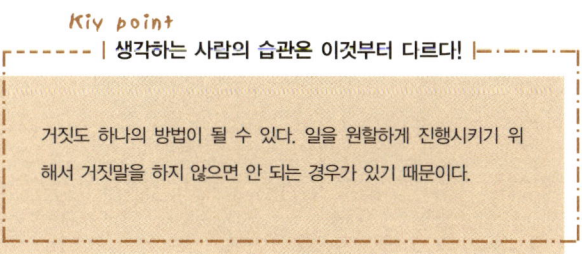

아무런 목적 없이

현대 사회에서는 '한창 일할 나이', '공부할 나이'의 사람일수록 한가함과 느긋함에 익숙하지 않은 것 같다.

어렵게 찾아온 여유조차 왠지 시간 낭비라고 생각하거나 허전함을 느껴 또다시 그 공백을 메우기 위해 열심히 다른 일을 찾는 사람이 많다. 경제적으로는 여유로운 생활을 영위할지 모르지만 다람쥐 쳇바퀴 도는 것과 다를 바 없다. 바쁘다는 자조적인 말투 속에서 뽐내는 것 같은 분위기조차 느낄 수 있다.

그런 사람에게 있어 아무 목적 없이 마음 편하게 산다는 것은 상상 속에서나 허락될 뿐 현실 속에서도 환영받을 거라고는 장담할 수 없다.

A씨는 회사를 한 번 그만둔 적이 있다. 퇴직 후 한동안 프리랜서

로 활동하다가 다시 다른 회사에 취직하게 되었다. A씨의 고민은 무슨 일을 해도 만족할 수 없고 분명한 목적을 찾을 수 없다는 것이다. 그렇다고 해서 할 일조차 없으면 시간이 남아돌아 정신에 이상이 생길 것 같다는 고민이었다.

A씨는 학창시절부터 휴가를 상당히 곤혹스러워했다. 특히 길고 긴 방학 기간에는 고통이 극에 달해 매일 미친 듯이 뭔가 할 일을 찾아다녔다고 한다.

그는 '여유'란 일부 부자들의 특권 혹은 낙오자의 증거처럼 생각되었고 죄악과 동일시했다. 이런 성격이라 프리랜서 시절에도 여유로운 생활을 하지 못했다. 매일 아르바이트를 하는 등 항상 노력을 게을리하지 않았다는 것을 자랑처럼 말했다.

A씨를 보고 있으면 '무조건 뭔가 하는 것' 자체가 인생과 하루하루의 목적이 돼 버린 사람의 비애가 느껴진다. 하지만 그것을 일벌 혹은 사회적 인간이라 명명하거나 순간을 모면하기 위한 제안으로 끝낸다면 아무런 도움도 되지 않을 것이다. 그래서 나는 가끔 한 발 물러서 다음과 같은 조언을 한다.

"지금 상태로 뭔가 할 일을 끊임없이 찾더라도 길은 열리지 않을 겁니다. 최악의 경우 그냥 집에서 푹 쉬게 될 수도 있으니까요. 힘들겠지만 한가하고 심심하더라도 이겨내야 합니다. 휴일에는 그저 쉬는 것이 당신에게 가장 좋은 명약입니다."

아무 목적도 없이 한가하게 있는 건 정말 참기 힘들다. 하지만 일상의 작은 것이라도 좋으니 조금씩 익숙해지도록 길들이는 노력을 하라. 가능하다면 적당히 하는 게 좋다. 지나친 노력은 오히려 방황의 원천이 된다.

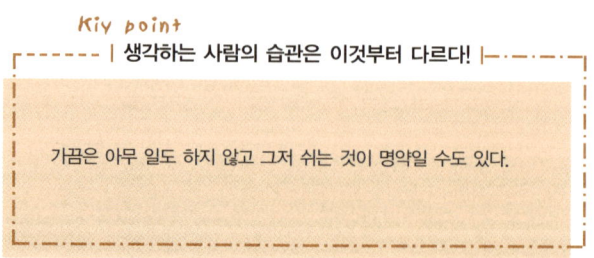

생각하는 사람의 습관은 이것부터 다르다!

가끔은 아무 일도 하지 않고 그저 쉬는 것이 명약일 수도 있다.

개미와 베짱이의 재회

생각지도 못한 곳에서 아는 사람을 만나면 여러 가지 생각에 잠기게 된다.

꽤 오래전의 일이다. 친구들과 스키장에 놀러 간 적이 있는데 누군가 나를 부르기에 뒤돌아보니 고등학교 때 친구가 서 있었다. 넓은 스키장에서, 수많은 사람이 스키를 즐기는 그 안에서 벌어진 깜짝 놀랄 우연이었다. 하지만 내게는 이 우연보다 더 흥미로운 것이 있었다.

이 친구는 스무 살경 함께 스키를 시작한 동료이기도 했다. 내가 처음 스키장에 갔을 때 그 친구도 마찬가지로 처음이었다. 그 후 두 번 정도 더 스키장을 간 적이 있지만 세월이 흘러 각자의 길을 걷게 되었고, 약 10년 동안 거의 만날 기회가 없었다.

그런데 스포츠라는 건(스포츠에 국한하지 않고) 열심히 하다 보면 다음 단계에 도달하게 되고, 더 잘하기 위해 반드시 넘어서야 하는 벽이 있다. 그것은 스키도 마찬가지로 나는 한동안 스키에 푹 빠져 살기는 했지만 그저 재미로 즐길 뿐이어서 그 벽을 넘는 게 쉽지 않았다. 이럴 때 나는 진중하게 도전하지 않고 쉽게 포기하는 성격이다.

스키를 조금 즐기다가 점심때쯤 되면 맥주를 벌컥벌컥 마시고 와자지껄하게 노는 것을 좋아했다. 시간이 아깝다고 눈발이 흩날리는 속에서 스키를 타는 건 내 성격에 맞지 않고, 어느 정도 숙달되면 그걸로 충분했다. 꼭 프로 스키어가 되고 싶은 게 아니니까. 그래서 그날도 잠시 후 맛보게 될 맥주를 생각하며 스키를 타고 있었다.

그런데 그 친구는 놀랍게도 스키 연맹의 합숙훈련 때문에 왔다고 했다. 아무래도 그 친구는 나와 달리 이후로도 열심히 스키에 몰두했던 것 같다.

나는 아무런 목적의식도 없이 즐기자는 주의였다. 사람들 모두 제각각 여러 가지 방식으로 즐기며 산다는 것을 나는 알고 있다. 하지만 10년이란 세월이 이렇게 대조적인 만남을 준비하고 있다는 데 상당한 충격을 받았다. 내 생각을 그 친구에게 말하자 '오히려 자네가 부럽네. 나는 놀이가 더 이상 놀이가 아니니까.' 라고 말했다. 그러고 보니 어떤 프로 스키 선수가 일 외에는 절대로 스키를 타지 않는다고 한 말이 생각났다. 놀이가 직업이 돼 버리면 즐거움보다 힘든 일이 더 많은 것 같다.

나는 과거의 회상은 잠시 접어둔 채, 서둘러 돌아가려는 그 친구를 붙잡아 개인 레슨을 받으며 의기양양한 표정을 지었다. 그리고 그는 순식간에 연습장을 향해 사라졌다. 그의 뒷모습이 마치 출근하는 샐러리맨처럼 여겨져 배웅하면서 나도 모르게 안도의 한숨을 내쉬었다.

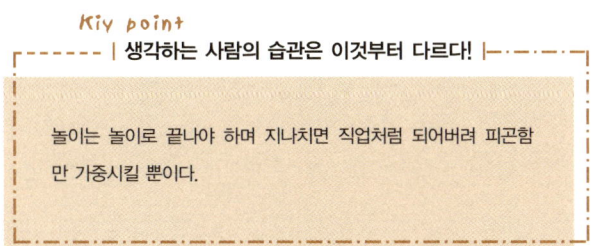

Kiy point
생각하는 사람의 습관은 이것부터 다르다!

놀이는 놀이로 끝나야 하며 지나치면 직업처럼 되어버려 피곤함만 가중시킬 뿐이다.

게임에서 배운다

　조금 오래된 이야기지만 게임기 소프트 중에 '드래건 퀘스트'가 인기몰이를 한 적이 있다. 게임 내용은 '용사'를 포함한 일곱 종류의 캐릭터 중에 좋아하는 네 명을 골라 팀을 결성한 후 모험을 하는 것이다. 각 캐릭터들은 고유의 특징을 가지고 있다. 예를 들어 '전사'는 체력이 강해 많은 무기를 쓸 수 있지만 지혜가 모자라고, '건달'은 전투력이나 체력은 약하지만 운이 따른다. 모험은 제각각 다른 이들의 성격 때문에 서로 협력하지 않으면 성공할 수 없게 되어 있다.
　가장 흥미를 끈 것은 모험 도중 '상인'이 '전사'로 인격을 바꿀 수 있는 시스템이었다. 이것을 '전직'이라고 부른다. 전직을 하면 단지 모습만 변하는 것이 아니라 두 캐릭터의 특성을 합친 복합적 인간이 되는 것이다. 이것을 가능하게 해주는 것이 '전직의 신전'이다. 하지만 좋은 일만 있는 것은 아니다. 전직을 하게 되면 새로운 직장에 있어 신참이 돼, 새로 생긴 능력을 충분히 발휘할 수 없을 뿐만 아니라 이전에 가지고 있던 능력도 반으로 줄어 한동안 아주 무력한 존재가 되고 만다.

이 드래건 퀘스트에서 나오는 '전직'은 심리 상담과 닮은 점이 많은 것 같다. 심리 상담에서 행해지고 있는 것을 한마디로 정의하면 '삶의 방식 변환'이다. 상담을 하러 온 사람들도 의식을 하건 못하건 간에 과거 적응해 살던 삶에 이상이 생겨 바꾸지 않으면 안 되는 상태라고 할 수 있다.

예를 들어 부모의 애정을 받기 위해 '착한 아이'를 연기하고 자신의 욕구를 억누르며 살아온 사람은 청년기에 접어든 후에는 어떻게 하면 좋을지 몰라 방황하게 되고 무기력해진다. 삶의 방식을 바꾸지 않으면 안 되는 것은 부적응 때문만은 아니다.

발달 단계에 따라 필요한 자원은 수시로 바뀌며, 그에 따라 몇 번이고 바꾸지 않으면 따라갈 수가 없다. 하지만 삶의 방식을 바꾸는 것은 드래건 퀘스트의 전직처럼 지금 가지고 있는 능력을 일부 잃게 되는 것이며 새로운 능력을 갖게 된다는 보장도 없는 불안정한 상태에 몸을 맡기게 되는 것이다. 익숙해진 편안한 삶의 방식을 단념하는 것은 큰 고통과 슬픔을 동반한다.

또한 새로운 삶의 방식을 발견하는 데도 상당히 긴 시간이 소요된다. 그동안 도움이 되는 것은 미덥지 못한 오감뿐이다.

이 작업을 하기 위해서는 실패와 모험이 허용되는 안전한 시간과 장소의 확보가 필요하다. 이것을 제안하는 것이 카운슬링의 역할이다. 또 방황 속에서 행동의 의미와 위치를 확인할 수 있다면 커다란 위안이 될 것이다. 이런 일을 돕는 것이 카운슬링이다. 카운슬링은 인생에 있어 '전직의 신전'이라고 할 수 있다.

대부분 삶의 방식 변화는 부모와 주변 어른들의 눈에 그리 곱게 비치지 않는다. 그럼에도 불구하고 자신을 변화시킬 시간과 공간을 확보하는 것이 모라토리엄(불가피한 상황에서 지급의 연기 또는 유예)의 본질이며, 위험을 무릅써야 과거의 자신을 버리고 새로운 삶의 방식을 획득할 수 있다.

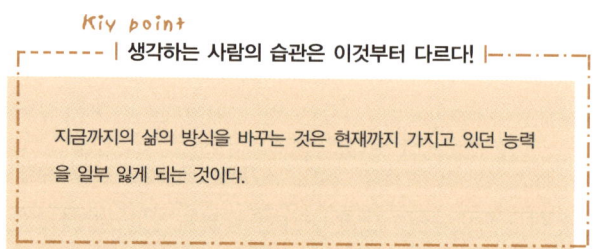

Kiy point
생각하는 사람의 습관은 이것부터 다르다!

지금까지의 삶의 방식을 바꾸는 것은 현재까지 가지고 있던 능력을 일부 잃게 되는 것이다.

인생의 벽

모 대학 캠퍼스에 비가 내리고 있었다.

학교 건물과 운동장 경계 구석에 조립식 건물이 한 채 있다. 동아리 연합 사무실이다. 사무실에는 네 명의 학생이 있다. 연합의 예산분배를 위해 각 동아리 회계들이 절충에 나섰다. 각각 다른 부서에서 파견돼 업무적인 이야기 말고는 전혀 대화를 나누어 본 적이 없다. 또한 대표 선수가 될 만한 학생들은 주장이나 주무 등의 요직에 있어, 네 학생 모두 동아리에서 특출한 존재가 아니었다. 예산 절충 삼 일째, 아무런 진척도 없다. 그때 한 대표에게서 비로 말미암아 전철이 사고를 일으켜 한 시간 정도 늦는다는 연락이 왔다. 창밖에는 여전히 비가 내리고 있고, 학생들은 조립식 건물에 갇힌 상태였다.

"딱 부러지는 게 전혀 없군. 한방에 끝낼 수 있는 사람 누구 없어?"

한 명이 소리쳤다. 그는 미식축구 소속이었다.

"그런 게 어디 있겠어?"

두 번째 사람이 중얼거리듯 말했다. 그는 생물부원이었다.

"묵직한 느낌이 없는 건 질색이야!"

미식축구가 대답했다. 생물부원은 입을 다물었다.

심리연구회가 미식축구에게 말을 걸었다.

"묵직한 느낌이 없으면 한 거 같은 느낌이 안 드나?"

"이런 일은 차근차근 처리하는 게 좋아."

등산부가 대답했다. 그리고 침묵 속에 빗방울 소리만 이어졌다.

얼마 후 심리연구회가 말했다.

"세 사람 다 처리 방법이 다르군."

그러자 미식축구가 소리쳤다.

"그래서 불만이야!"

"아니, 한방에 끝내는 게 뭐가 좋을까?"

변명하는 듯한 심리연구회의 말에 미식축구가 불만스럽다는 듯이 말했다.

"그래, 한방에 날려 보내주지!"

"부딪치기만 해도 날아간다니 대단해."

심리연구회의 말에, 미식축구는 조금 기분이 풀린 듯 만화를 손에 들고 읽기 시작했다.

등산부가 웃으며 말했다.

"나는 빙벽을 자일과 하켄(암벽이나 얼음 등반 시 사용하는 못)을 이용해 조금씩 기어오르는데. 한 걸음 한 걸음 확인하면서 말이야. 미식축구는 그걸 한방에 날려버리는군. 꽝!"

생물부원이 말했다.

"운동부는 기운이 넘치는군. 만약 그런 일이 있다면 미식축구에게 부탁해야겠군. 나는 어릴 적부터 허약해서 벽이 있으면 그저 바라볼 뿐이었는데…… 넘는다는 건 꿈도 꾸지 못했어."

"뭐! 넘지 않는다고? 산이 있으면 오르는 거야!"

등산부의 말이 끝나자마자 생물부원이 말했다.

"넘지 않아도 충분히 즐거워. 정상까지 오르려면 피곤해. 산 중턱만 올라가도 곤충들이 완전히 달라져. 여러 가지를 발견할 수 있어 아주 재미있어."

"넘지 않고서는 벽 저편으로 갈 수 없잖아."

"그렇게 서두를 필요가 뭐 있어. 그저 즐기는 동안 저절로 길이 보일 텐데. 또 다른 길이 있을지도 모르고……."

조립식 건물 밖에서 우산을 접는 소리가 나고 미식축구가 소리쳤다.

"왔다!"

심리연구회는 동아리의 실적서와 예산서를 손에 집어들었다. 생물부원은 조사서에 눈길을 준다. 노크 소리와 함께 등산부가 소리쳤다.

"열려 있어. 들어와!"

당신은 인생의 벽에 부딪혔을 때 한방에 날려버리는가? 기어오르는가? 주변을 배회하는가? 아니면 너무 높고 험난해 그저 주저앉고 마는가? 자기 나름의 방식대로 좋을 것이다. 혹 여러 가지 방법이 가능해진다면 인생을 몇 배로 즐길 수 있을지도 모른다.

Kiy point
┌─ | 생각하는 사람의 습관은 이것부터 다르다! | ─┐

인생을 사는 방법은 오직 한 가지만 있는 것이 아니다. 우회도로를 만났을 때 지름길을 찾아 헤매지 말고 차라리 주위의 풍경을 감상하며 즐겨라. 그 또한 인생을 몇 배로 즐기면 사는 방법이다.

카운슬링의 의미

카운슬러를 하고 있으면 자주 "카운슬링이 뭐죠?"라는 질문을 받게 된다. 가장 대답하기 곤란한 질문이지만 최근에는 "카운슬링은 인생의 무도장"이라고 대답하기도 한다. 산다는 것은 아주 높은 계단을 기어오르는 것에 비유할 수 있다. 힘이 넘친다 해도 힘들지만 심신이 허약할 때는 더더욱 힘들다. 사람은 자신이 불행하다고 느껴질 때 과거와 미래에 신경을 쓰게 된다. 일이 원만하게 진행되지 않을 때 초조함으로 계단 두세 개에 다리를 걸쳐 놓고 있는 것과 마찬가지다. 불안한 상태로 주변을 둘러보면 과거는 실패의 연속에, 미래는 불안에 싸여 있어 현기증이 날 정도로 절망감에 사로잡히게 된다. 상담을 하기 위해 찾아올 때는 아마 대부분 이런 심경일 것이다. 카운슬링을 받는다는 건 여유 없는 인생에 있어 스스로 무도장을 만드는 것과 마찬가지라고 생각한다. 무도장에 서서 안정된 자세와 여유로운 마음으로 바라본다면, 같은 상황이라도 그다지 위협을 느끼지 않게 된다. 하지만 초조함에 쫓기는 사람은 무도장에 잠시 서 있는 것조차 불안해진다. 한 발짝이라도 남들보다 앞서지 않으면 경쟁에서 패한 것처럼 혼자 뒤처지는 느낌이 들기 때문이다.

카운슬러는 초조함을 함께 나누며 위로하고, 미래를 향해 앞으로 나아갈 수 있는 힘을 찾을 때까지 함께 하는 동반자이다. 세상으로 다시 한 걸음 내딛는 순간, 아무리 험난한 여정일지라도 수많은 행운이 따르기를 기원하면서 배웅할 수밖에 없다. 짧은 시간이나마 그들의 불안과 고통을 자신의 일처럼 들어주는 것이 가장 최선의 방법이라는 것이다.

카운슬링을 받는 사람 중에는 "남들에게 의지만 하는 자신이 형편없다."고 생각하는 사람이 있다. 하지만 카운슬러는 함께 있어줄 수는 있어도, 본인 스스로 계단을 올라야 한다는 현실은 바뀌지 않는다. 카운슬러가 그 사람을 대신해 앞으로 나아가거나 짐을 들어줄 수는 없다. 카운슬러 자신도 충분히 무거운 짐을 짊어진 여행자이기 때문이다.

하지만 무도장에서 주고받는 위로와 격려는 사람이 살아가는 데 필요한 마음의 자양분이다. 카운슬링을 남에게 의지하는 것이라고 생각하는 사람은 너무 강한 자립의지 때문에 마음의 자양분을 거부하는 것과 같다. 인간은 누구나 배려라고 하는 마음의 자양분을 타인으로부터 끊임없이 받으며 살아가지 않으면 안 된다. 이 사실을 깨닫는 순간 사람은 타인에게 제대로 의지할 수 있게 됨은 물론 마음의 자양분을 나누어준 주변 사람들에 대한 감사와 배려가 생겨나게 된다.

무도장이 없는 계단은 목적지에 빨리 도달할지 모르지만 외견은 그다지 아름답지 못할 것이다. 마찬가지로 사람의 도움을 받지 않으려는 삶은 칭찬받아 마땅할지도 모른다. 그러나 잠시 불행 속에 서서 바라본 풍경과 사람들 사이에서 주고받는 위로는 인생의 깊이를 더해주는 자양분이 될 것이다.

# 당신의 인생은 지금 몇 시?

그 사람은 마음이 젊다거나 혹은 나이보다 더 늙어 보인다는 말을 하는 경우가 종종 있다. 우리에게 상담하러 오는 사람 중에는 20대 초반인데도 상당히 늙어 보이는 사람이 있다. 또 이와 반대로 나이에 걸맞지 않게 젊어 보이는 사람도 있다. 물리적인 나이와 그 사람의 심적 나이가 일치하지 않는다는 것은 누구나 인정할 것이다. 하지만 이런 불일치를 어떻게 하면 좀 더 구체적으로 알 수 있을까? 나는 고심 끝에 '인생의 시간'이라는 방법을 생각해냈다. 그것은 다음과 같이 질문하는 것이다.

질문 1
"당신은 인생을 24시간에 비유한다면 지금 몇 시쯤 살고 있나요?"
질문 2

"당신 인생에서 정오는 몇 살 때였다고 생각하나요? 혹은 몇 살 때였나요?"

"당신은 지금 오전을 살고 있다고 생각하나요? 아니면 이미 오후에 접어들었다고 생각하나요?"

나는 술자리에서 혹은 짬이 날 때 동료나 선배들에게 가볍게 질문을 던지는 등 여러 가지 형태로 조사를 했다. 그러자 다음과 같은 사실을 알 수 있었다. 만 17세인 고등학교 2학년 학생들은 평균적으로 오전 10시라고 대답했다. 다시 말해 고등학생은 태양이 서서히 올라가고 있지만 정오까지는 아직 여유가 있는 시간대를 살고 있다는 의미다. 그리고 아직 인생의 후반, 미래에 대해 확실하게 인식하지 못하고 있었다. 자신의 삶이 아직 많이 남아 있다고 생각하고 있기 때문일 것이다. 또한 인생의 정오를 25~26세 사이라고 생각한다는 것도 알 수 있었다. 즉 고등학생에게 어른이란 25살쯤 되는 사람을 가리키는 것 같았고, 그 나이를 지나면 이미 한 고개를 넘어버려 자신의 시야를 벗어난 사람이 된다. 예컨대 아저씨나 아줌마라 불리게 되는 것이다.

이 같은 조사를 대학교 3학년에게도 해봤다. 그런데 고등학생과 마찬가지로 평균 오전 10시라고 했다. 이 4년 사이에 인생의 시간이 거의 흐르지 않았다는 걸 알 수 있다. 하지만 재미있는 사실은 대학생의 경우 정오라고 생각하는 나이가 평균 30.1세로 나타났다는 것이다. 재미있는 건 인생의 시간 바늘은 고등학생이나 대학생 본인들에게는 거의 차이가 없지만 정오에 대한 생각에는 5살이나 차이가 났다. 그것은 어른이라고 생각하고 있었지만, 자신이 20살이 지나 점점 25살에 가까워지자 고등학교 때 느꼈던 것과 다른 자신을 발견했기 때문일 것이다. 이것은 어른이 되고 싶지 않다는 현대 청년들의 마음을 그대로 반영하는 게 아닐까? 이런 심리 상태를 모라토리엄이라고 부른다는 것을 여러분도 잘 알고 있을 것이다.

실제 나 자신의 경험으로 보더라도 25세가 되었을 때, 스스로 어른이라고 느끼는 건 무리였다.

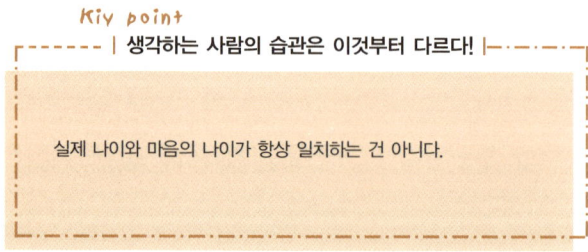

공평함도 죄?

중견 회사원 P씨는 최근 들어 집에 들어가는 것이 고통이다. 집에 돌아가면 부인과 노모 사이의 심리적 갈등 중간에 '낀' 상태가 돼 버리기 때문이다. 전철에서 내려 집이 가까워질수록 위가 점점 아파져 오기 시작한다.

"시골에서 혼자 살고 계신 노모를 모시기로 했을 때 아내는 흔쾌히 동의해 주었습니다. 저는 일 때문에 집에 있는 시간이 적어 아내에게 더욱 서비스를 잘해줬고 부부 사이도 원만했습니다. 그래서 아내도 제 부탁을 흔쾌히 받아들였다고 생각합니다. 헌데 실제로 동거해보니……."

"아내는 어머니를 성심껏 모셨습니다. 어머니도 기뻐했고요. 그런데 경기 불황으로 제 퇴근 시간이 빨라지면서 문제가 시작됐습니다."

 P씨는 깊은 한숨을 내쉬었다. P씨가 일찍 귀가하면서 어머니는 아들 주변을 맴돌게 되었다. 어머니에게는 아들 P씨의 나이가 몇 살이건 간에 자신이 배 아파서 난 '내 새끼'였던 것이다. P씨도 어머니를 외롭게 하지 않으려 함께 TV를 보거나 차를 마시는 등, 어머니 곁에서 보내는 시간이 많아졌다. 그러는 사이 부인의 심기가 점점 불편해지기 시작한 것이다.

 "아내가 화를 내기 시작했습니다. 자기와 아이를 위해 시간을 낸 적이 있냐고요. 효도도 좋지만 어머니 곁에서 맴도는 건 그만두라고 소리치는 겁니다. 하지만 제 입장에서 늙은 노모를 냉정하게 뿌리칠 수가 없어서……."

 P씨는 부인의 마음을 풀어주려고 비상금을 털어 반지를 샀다. 그리고 어머니가 마음에 걸린 P씨는 브로치도 샀다. 가격은 물론 반지가 훨씬 비쌌다. 그럼에도 동시에 선물을 건네자 어머니는 크게 기뻐했지만 아내는 의외로 별로 기뻐하지 않는 눈치였다.

 "제게는 어머니나 아내 똑같이 소중합니다. 양쪽 다 마음을 쓰고 있습니다. 그런데 아내는 그게 마음에 들지 않아서……."

 "훨씬 더 싼 반지라도 부인에게만 살며시 선물하는 게 좋았을 겁니다. 부인은 자신을 남편 분이 소중하게 여기고 있다는 심리적 증거를 원했던 겁니다. 어머님과 동격의 대접을 받는 건 아무리 소중하게 여긴다고 해도 만족할 수 없을 겁니다. 자신이 최우선이라는 자신감이 있어야 어머님을 성심으로 모실 수 있는 겁니다."

"그렇다면 제가 공평하려고 했던 것이 잘못이군요. 이제야 아내의 마음을 알 수 있을 것 같습니다. 앞으로는 행동에 조심을 해야겠어요. 모든 게 '불황' 탓이니까요."

P씨는 빙긋이 웃고 돌아갔다.

Kiy point
| 생각하는 사람의 습관은 이것부터 다르다! |

삶을 산다는 것은 만남의 연속이고, 만남은 관계의 연속이다. 내가 아무리 공평하게 해도 틈은 생겨나기 마련이며, 인간관계의 갈등에서 탈출해야 한다.

기분과 마음을 풀어주는 방법

나는 상대의 '기분과 마음을 풀어주는 방법'이 서툰 편이다. 나이가 들수록 '만족감'과는 점점 더 거리가 멀어지는 것 같다.

가장 싫은 건 스트레스로 꽉 찬 자신이 카운슬러라는 사실을 의식할 때이다. 카운슬러가 스트레스를 잘 컨트롤할 수 있는 사람이라는 건 거의 모든 사람이 공통으로 생각하는 것이다. 또한 카운슬러가 직업인데 스트레스를 받았다고 해서 일을 쉴 수는 없다. 힘들 때 다른 카운슬러에게 상담을 받는 것도 내키지 않는다. 솔직히 창피한 생각이 든다. 클라이언트에게 미안하다는 마음보다 자신의 자존심과 의지 때문에 무리해서 일을 하던 시기도 있었다.

실은 아주 피곤했지만 한편으로 대단히 흥미로운 사실을 발견했다. 나 자신은 소모를 하고 있는 반면 클라이언트는 나를 이전과 다를 바 없이 이용하고 있었던 것이다. 예컨대 친절을 베풀 기력조차 없이(원래 건강할 때도 그다지 친절하지는 않았지만) 듣고 있는 것만으로 힘에 부쳤지만, 클라이언트는 나를 찾아와 이야기하고 그것만으로 만족하는 것 같았다.

어쩌면 클라이언트들은 여러 가지 이미지를 내게 투영하고 그 이미지와 말하고 있는지도 모른다. 부모님, 친구, 동료, 연인, 선생님(나는 여성인데, 이런 경우가 왕왕 있는 것 같다)……, 어떤 이미지가 나와 겹치는지 모르지만 나는 클라이언트의 마음속 이미지를 대신하는 존재로서 자유자재로 변형됐던 것 같다. 어쨌든 내가 잠을 자거나 쓰러지지 않고 그 자리에 있는 한 클라이언트는 자신의 힘으로 카운슬러를 본인에게 도움이 되도록 활용할 수 있다. 이것은 대단히 반가운 발견이었다. 단, 여기에는 클라이언트가 투영시키고 있는 이미지와 나 자신을 구분하는 주의력을 유지하면서 클라이언트 마음속 대화를 방해하지 않는다는 상당히 까다로운 조건이 달린다.

이런 이유에서 클라이언트늘로부터 생각지도 못했던 도움의 손길이 내게 뻗어 왔다. 덕분에 나는 차분한 표정을 하고 상담실에 앉아 있을 수 있게 되었다. 하지만 차분한 표정 뒤에는 여전히 불안이 남아 있다. 클라이언트들에게 카운슬러의 심신에 대해 걱정을 끼치지 않도록 주의를 기울이고, '기분과 마음을 풀어주는 방법'을 좀 더 익혀야겠다고 다짐하는 이유이다. 나는 다음과 같이 말할지도 모른다.

"오늘 저를 찾아주실지도 모르는 여러분, 제가 너무 우울해서 오늘은 카운슬링을 쉬겠습니다."

나는 오랜 스트레스를 겪어온 카운슬러로서 지금 당장 이렇게 말하고 싶은 것이 본인의 절실한 속내이기 때문이다.

잡담

 4년 이상 상담을 해온 클라이언트가 하루는 상담이 거의 끝나갈 무렵 다음과 같은 말을 남기고 돌아갔다.

 "오늘은 아무 도움도 되지 않는 잡담만 하고 끝났네요."

 이 사람은 매번 자신의 상태를 논리적으로 보고하고 뭔가 조언을 받고 돌아가려는 태도가 강했다. 따라서 클라이언트의 입장에서 그저 세상 돌아가는 이야기만 하고 돌아가는 게 아깝다고 말하고 싶었을 것이다.

 하지만 나중에 생각해보니 틀림없이 이때부터 클라이언트는 조금씩 마음이 열리는 듯 보였다. 특별히 몸 상태가 좋아진 건 아니지만 가끔 "이 이상 더 어떻게 할 수 없겠죠?"라고 중얼거리게 된 것이다. 정신과 전문의 위니코트(D. W. Winnicott)는 '난센스(무의미한)

체험의 중요성'에 대해 역설했는데 그것은 본래 이와 같은 클라이언트의 깨달음과 경험이 겹쳐진 것이라고 생각한다.

이 클라이언트는 항상 박해당하고 있다는 공포와 파멸될 것 같은 불안에 휩싸여 있었다. 이와 같은 어려운 심리 상태에 처해 있는 사람에게 있어 상대와 무의미한 대화를 나누는 건 번거롭고 불쾌한 상황임에 틀림없다. 따라서 "잡담만 하고 끝났다."라고 중얼거리는 것 자체가 실은 본인에게 위험한 실험이었을 것이라고 생각한다.

그렇지만 클라이언트는 "또 상관없는 잡담을……." 하고 중얼거리며 그와 동시에 아이들의 그림책이나 동화, 그리고 판타지 애니메이션 등에 관심을 기울이게 된다.

그것은 '상관없는 잡담'을 음미할 수 있게 된 클라이언트가 이타심이 없는 아이들 세계에도 마음을 열게 됐다고 볼 수 있다. 그리고 이런 창조적인 퇴행이라고 말할 수 있는 체험이 결국 클라이언트의 마음속 혼란을 잠재워주는 역할로 이어지게 된 것이다.

이런 경험을 통해 주목해야 하는 것은 클라이언트의 마음이 자신의 망상, 분열적인 시스템의 문제를 해결하고자 하는 방향에서 놀이의 체험으로 단순하게 이전된 것이 아닌가 하는 점이다. 오히려 카운슬링 상황에서 이타심 없는 행위, 즉 '난센스 체험'이 선행되고 있는 것이다.

말하자면 카운슬링 상황에서 작용하는 '관계성의 원리'라고 할 수 있는데 발달이나 치료의 원리를 초월해 위력을 발휘했다고 생각한다.

> **Kiy point**
> **생각하는 사람의 습관은 이것부터 다르다!**
>
> 이타심 없이 주고받는 대화는 하찮은 잡담으로 치부되기 쉽지만 실은 우리 마음을 지탱해주는 근본적인 힘일지도 모른다.

분위기를 풍기는 말

어느 날 지금까지 꾸준히 상담을 해오던 클라이언트로부터 상담 시간이 다 돼서 전화가 걸려왔다.

"오늘은 가고 싶지 않으니 안 가겠습니다. 다음 주도 못 갈 것 같습니다."

나는 갑작스러운 통보에 깜짝 놀랐지만 다음번 상담에 대해서는 '갈지 말지 모르겠다.'는 선에서 합의하고 전화를 끊었다. 물론 일방적으로 끊어버린 것에 대한 허무함과 애석함, 무력감만을 남긴 채로……. 그리고 한 시간 뒤 그녀에게서 다시 전화가 걸려왔다. '전화를 끊고 생각해보니 너무 화가 나서 카운슬링을 그만두겠습니다.'라는 것이었다. 진정을 시키려고 내가 화가 난 이유에 대해 묻자 그녀는 "이렇게 화를 내는 것 자체가 싫어요. 선생님은 제 이야기를 제대로 들어주지도 않고요." 하고 대답했다. 나는 또 한 번 놀랐지만, 그녀의 다음 이야기를 듣고 납득할 수 있었다.

"말을 하고 싶어도 말할 타이밍을 잡을 수 없어요."

그녀는 순간순간 내가 말할 때마다 나의 '듣는' 자세에 대해, 더 나아가 카운슬링의 가치를 판단하고 있었던 것이다.

우리처럼 대화의 정신 치료법과 관련된 일을 하는 사람들은 '듣는 자세'에 대해 가장 먼저 생각한다. 그것이 상담을 원하는 사람에게 무엇보다 중요한 태도라는 것을 경험으로 알고 있기 때문이다. 하지만 우리가 '듣고 있다.'는 것을 클라이언트도 똑같이 느끼고 있다고 단정 지을 수 없다. '생각'은 그저 '생각'에 지나지 않기 때문이다.

따라서 되짚어 생각해보면 사람들과의 대화에서 가장 큰 의미를 지니는 건 대화를 나눈다는 자체보다 속내, 접근 방식, 타이밍 같은 것일지도 모른다. 이런 것들이 혼연일체가 돼 대화를 이끄는 분위기를 형성해 간다. 그리고 그 분위기가 발산하는 것은 대화에 참석한 사람들 각각의 진심에 가까운 감정이나 생각을 품고 있는 만큼 때론 말로 표현하는 것보다 훨씬 큰 위력을 발휘한다. 실제로 '꼭 그렇게까지 말할 필요 없잖아!'나 '그렇게 화난 것처럼 말하지 마!'와 같이 말 자체보다 말투 때문에 화가 난 경험이 누구나 한 번쯤은 있을 것이다. 아니, 그렇기 때문에 인간관계나 대화 중 과민반응을 하는 사람들은 말보다 말 속에 내포된 분위기에 귀를 기울인다고 할 수 있다.

앞서 말한 클라이언트가 내가 당황스러워하는 것에서 자신의 속내를 파악하지 못했다는 것을 바로 꿰뚫어 본 것처럼…….

자신의 의도가 제대로 전달되지 못했을 때, 어느 순간 자신이 발산하고 있는 분위기가 힘을 발휘하게 될지도 모른다.

Kiy point
------- | 생각하는 사람의 습관은 이것부터 다르다! |-------

사람들과의 대화에서 가장 큰 의미를 지니는 건 대화를 나눈다는 자체보다 속내, 접근 방식, 타이밍 같은 것일지도 모른다.

자신의 시간은 비매품

　미하엘 엔데라는 동화작가의 작품 '모모' 속에 자신의 시간을 팔아버려 여유가 없는 생활을 하는 사람들이 나온다. 그들의 생기 잃은 모습이 주인공 '모모'의 눈에는 마치 영혼을 잃은 사람들로 비쳤을 것이다.
　'자신의 시간'이란 것은 '자신의 영혼'에 필적할 만한 무게를 가지고 있다고 본다. 따라서 자신의 시간을 잃어버렸다는 것은 그 무엇과도 바꿀 수 없는 귀중한 것을 잃었다 할 것이다.
　21세기를 살아가는 우리가 여유롭고 조용한 시간을 보낸다는 것은 상당히 어려운 일이다. 우리 앞에는 목적과 과제가 끝없이 제시된다. 그것을 달성하기 위해 우리는 끝없이 내몰린다. 그런 바쁜 상황 속에서 우리의 정신세계는 일종의 강박관념이 자리 잡게 된다.

상당히 두려운 이 강박관념은 정신적으로 시야를 좁게 만들어 버린다. 예를 들어 고속도로를 달릴 때 속도가 빠르면 빠를수록 운전자의 의식과 시야는 좁아져 주변 풍경을 감상할 여유가 없어진다. 운전자의 상태는 현대를 살아가는 우리의 심리상태와 매우 흡사하다.

　최근 나는 한 가수가 북미대륙을 뛰어서 횡단한다는 뉴스를 접하게 됐다. 그는 나와 같은 세대로, 나는 그의 체력과 집념에 상당한 충격을 받았다. 하지만 이 뉴스에서 내가 가장 감명을 받은 것은 다른 곳에 있다. 그것은 다른 주자들과의 경쟁의식과 골을 향해 열심히 달린다는 의식을 버린 것이다. 그는 그저 자기 페이스로, 달리는 행위 자체를 즐기면서 골인했다.

　이런 유유자적한 마음은 '날이 저물고 홀로 고독하게 먹을 가는 마음'과 통하는 느낌을 받는다. 긴장을 풀고 시간의 흐름에 몸을 맡긴 채 '부질없음'을 떠올린다는 것은 마음의 방랑이나 한눈을 파는 체험이라고 할 수 있다.

　심리요법 중에 자유 연상법이라는 것이 있다. 클라이언트는 떠오르는 것을 뭐든 자유롭게 이야기한다. 그 내용은 의식적인 취사선택이 아니라 '그저 막연하게' 끝없이 연상하는, 말하자면 마음의 방황이나 한눈을 파는 행위와 같은 것이다.

　연상의 흐름은 자신도 모르는 사이 마음의 집착과 응어리를 풀어주게 되고, 그러면서 클라이언트의 마음에 〈자신의 시간=영혼〉으로 새롭게 되살아난다. 자신을 잃어버린 클라이언트가 무엇과도 바꿀 수 없는 독특한 개성을 가진 이야기를 자신 속에서 창조해 나갈 수 있게 된다.

> **Key point**
> **| 생각하는 사람의 습관은 이것부터 다르다! |**
>
> 유유자적한 마음은 '날이 저물고 홀로 고독하게 먹을 가는 마음'과 통하는 느낌을 받는다.

'도련님'의 정신만 이어받아

나츠메 소세키(夏目 漱石)의 '도련님'이라는 유명한 소설이 있다. 소설 마지막 장면의 통쾌함은 가슴이 후련할 정도이다. 나도 그랬다. '여러 가지 책략으로 사람을 함정에 빠트리는 놈은 죄악이다.' 나도 '도련님'이나 야마아라시(山嵐:도련님과 닮은 성격의 등장인물)처럼 일관되게 자신의 생각을 관철시키고 싶다.

우리 카운슬러들이 만나는, 특히 젊은 사람 중에는 이 '도련님'처럼 혈기 왕성한 사람이 적지 않다. 그리고 그들은 이렇게 말한다.

"회사에서 상사와 충돌이 일어났습니다. 저는 잘못한 게 전혀 없는데 상대는 자신의 잘못을 인정하려 들지 않습니다. 이렇게 된 이상 상사가 사과할 때까지 저는 출근하지 않을 작정입니다. 상사가 사과하든지 아니면 제가 회사를 그만두든지 둘 중하나입니다."

이 사람의 '전혀 잘못이 없다.'는 주장에 대해서는 따지지 말고 여기서는 그의 성급한 태도에 주목해야 한다. 그런데 그는 정말로 그만둬버리는 성격이다. 나는 이 사람이 정말로 회사를 그만둬버리면 곤란하다고 생각했다. 몇 가지 질의가 끝나자 그는 이렇게 말했다.

"저는 저 자신이 나츠메 소세키의 '도련님'과 닮았다고 생각합니다."

"그랬군요. 그러고 보니 정말 닮았군요. 저도 그런 점이 참 좋습니다. (약간의 시간을 두고 신중하게) 하지만 회사를 그만둔다는 건 좀……."

"아니오, '도련님'이라면 반드시 그만둘 겁니다."

"그랬겠죠. 그럼 이런 말을 하는 나는 결국 빨간 셔츠(도련님이 첫 부임한 학교의 주임교사)나 노다이코(도련님이 첫 부임한 학교 주임의 심복)겠네요."

그때 나는 싫어하던 빨간 셔츠와 노다이코가 된 것 같은 묘한 기분이있다. 그래도 달갈 세례를 낭할시노 보른다고 생각하면서 그를 설득했다.

"저도 동경 토박이라 '도련님'처럼 살고 싶은 마음이 간절하니 젊은이의 마음도 충분히 이해할 수 있습니다. 하지만 '도련님'의 비극은 결국 그가 동경에서밖에 살 수 없다는 데 있다고 생각합니다. 하지만 젊은이는 그래서는 안 되겠죠? 동경이든 어디서든 살 수 있어야 하지 않을까요? '도련님'의 정신은 잊지 말고 어디서든 살아갈 수 있도록 노력은 해야겠지요?"

이런 말이 나도 모르게 튀어나왔지만 이 이야기를 들은 젊은이는 마음을 가라앉히게 됐다. 조금은 생각을 고쳐먹은 것처럼 보였다.

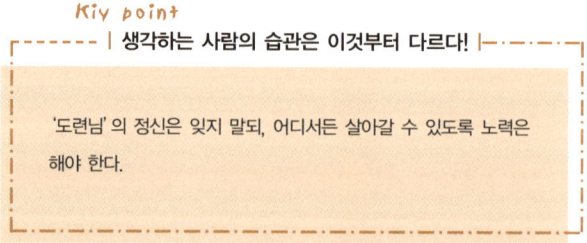

Kiy point
| 생각하는 사람의 습관은 이것부터 다르다!

'도련님'의 정신은 잊지 말되, 어디서든 살아갈 수 있도록 노력은 해야 한다.

달갑지 않은 친절

　매일 반복되는 일상생활 속에서 우리는 자연스럽게 누군가의 도움을 받거나 혹은 자신이 누군가에게 도움을 주는 경우가 있다. 이럴 때 상대가 친절한 마음으로 참견한다는 것을 알고 있지만 기꺼이 받아들일 수 없는 경우가 있다. 또한 상대가 시끄럽고, 번잡스러워 그 사람을 상대하는 것이 너무 싫을 때도 있다. 반대로 자신이 상대를 위하는 마음으로 조언하거나 행동을 하지만 상대는 왠지 못마땅해하거나 곤혹스런 표정으로 조언을 무시해서 "일부러 생각해서 말해줬더니……."라며 스스로 마음의 상처를 입기도 한다.
　어느 신혼부부의 이야기이다. 일 년 정도 교제 끝에 결혼한 두 사람은 서로가 서로를 위해 열심히 배려하고 있다고 생각하며 신혼생활을 시작했다. 맞벌이 부부라 남편은 '힘들 테니 가능한 한 집안

일을 돕자.'고 생각했다. 아내는 '내가 일을 한다고 해서 남편의 도움을 받아서는 안 돼. 주부로서 역할을 다 해야지.'라고 생각하고 있었다.

아내는 매일 저녁 식사 때마다 남편의 입맛에 맞고 영양적으로도 훌륭한 식단을 짜기 위해 노력해 왔다. 남편은 기쁜 마음으로 남김없이 먹었다. 아내는 걱정이 됐다. '식사량이 부족한가?' 아내는 음식을 더 준비했다.

남편은 마찬가지로 그릇을 깨끗이 비웠다. '역시!' 아내는 식사량과 반찬 가짓수를 늘렸고, 남편은 아내가 바쁜 시간을 쪼개 열심히 음식을 만드는 것을 보고 뭔가 도울 방법이 없을까 생각했다. 하지만 자신이 나설 기회가 좀처럼 주어지지 않았다.

어느 일요일, '요새 살이 쪘어. 고생해서 만든 음식을 남길 수 없어 나도 모르게 과식을 하게 됐어.'라고 생각한 남편은 '오늘은 방 청소라도 해야겠군.'하고 마음먹었다. '항상 아내가 고생을 하고 있으니 오늘은 가구를 옮기고 대청소를 해야겠어.' 남편은 큰마음 먹고 청소를 시작했다. 그걸 본 아내는 상처를 입고 말았다.

'내가 청소를 제대로 하지 않은 곳을 남편이 신경을 쓰고 있었어.' 아내는 사무적인 말투로 "미안해요. 내가 할게요."라며 남편에게서 청소기를 빼앗았다.

두 사람 다 상대를 위해 열심히 노력했지만 이런 문제로 부부싸움이 벌어지게 된다. 세상에는 '자신이 싫어하는 일은 상대에게도 시키지 마라.'는 말이 있다. 하지만 '자신이 상대에게 받은 배려로 기뻤던 일을 상대에게도 똑같이 해주자.'라는 건 조금 생각해 보는 게 좋을 것 같다. 사람에 따라, 상황에 따라 바라는 것이 다르기 때문이다. 상대의 성격과 현재의 상황을 충분히 고려하고, 상대가 무엇을 원하는지를 주의 깊게 타진해 본 다음 관여를 해도 늦지 않을 것이다. 배려가 '달갑지 않은 친절'이 돼 버린다면 서로에게 애석한 일이 될 테니까 말이다.

> **Key point**
> ┌─────── | 생각하는 사람의 습관은 이것부터 다르다! | ───────┐
> │ '자신이 상대에게 받은 배려로 기뻤던 일을 상대에게도 똑같이 해 │
> │ 주자'라는 건 난센스다. 사람에 따라, 상황에 따라 바라는 것이 얼 │
> │ 마든지 다를 수 있기 때문이다. │
> └──┘

현대판 오린 할머니

우리나라의 노인문제는 이제 커다란 사회문제로, 그 심각성이 점점 더해지고 있다. 또 한편으로는 노인의 '삶의 가치'에 관한 논의가 왕성하게 이루어지고 있다.

어느 시민 상담실에서 소개를 받고 69세 할머니가 찾아오셨다. 카운슬링에 대해 간단히 설명하자 할머니는 봇물 터지듯 이야기를 풀어놓기 시작했다.

그녀는 힘들게 세 명의 자녀(딸 둘, 아들 하나)를 키웠다. 막내가 10살 때 집을 새로 짓고 3년 후 남편이 사망하고 나서는 여자의 몸으로 세 명의 자녀를 키웠다. 아이들이 성장해 독립하자 아들 가족과 함께 동거하게 됐다. 며느리는 직장을 다녀 할머니가 집안일과 손자를 돌보며 사이좋게 지냈다고 한다. 그런데 2년 전에 집을 신축

하자는 이야기가 나오면서 할머니는 사별한 남편과 고생 고생해서 지은 집에 대한 추억이 송두리째 무너져 내리는 것 같아 반대를 했다. 하지만 아들 부부는 결국 일을 진행시켜 집을 새로 지었고 그때부터 며느리의 태도가 돌변했으며 아들의 태도도 냉정해졌다고 한다. 대체 이유가 뭔지 물어도 대답을 하지 않는다는 것이었다. 며느리나 아들에게 나름대로 이유와 할 말이 있을 텐데도…….

이런 상황 속에서 애지중지하던 손자가 남의 물건에 손을 대는 일까지 벌어졌고 할머니는 정서적으로 불안정해지면서 불면증을 앓게 됐다. 신경안정제를 복용하여 불면증은 좋아졌지만 며느리와 아들은 더 이상 동거가 힘들다고 생각했는지 양로원으로 가실 것을 강력히 주장했다. 일단 할머니도 납득하고 양로원으로 들어가긴 했지만 양로원이 너무도 싫었던 할머니는 현재는 집을 빌려 혼자 생활하고 있다고 했다.

이 할머니처럼 혼자 사는 노인인구가 1988년에 140만 명을 넘었고 짐짐 증가하는 추세에 있나. 65세 이상 노인인구는 다른 나라에서 볼 수 없을 만큼 빠른 속도로 증가하고 있어 여러 가지 형태로 노인문제가 사회문제화 되고 있다.

카운슬러는 '그렇게 아이들을 예뻐했는데!' 라고 회한의 눈물을 흘리는 할머니의 이야기를 들으며 소설 '나라야마부시코(楢山節考: 일본판 고려장을 다룬 소설로, 1999년 한국에서도 영화로 개봉)'의 주인공 오린 할머니를 떠올렸다. 마침 나이도 69세로 똑같았다. 오린 할머니는 아들 부부의 효심을 잘 알고 있으면서도 '입 줄이기' 규정에 따라 스스로 죽음을 선택하게 된다. 그런 자립정신과 강인한 생사관에 등골이 오싹해질 정도로 감동을 받았다.

오린 할머니에게 있어 진정한 '삶의 가치'란 그야말로 '죽음의 가치'였던 것이다.

물론 카운슬러는 물질적인 풍요와 안정된 복지제도를 부정하지는 않는다. 하지만 그것만으로 진정한 '삶의 가치'는 얻을 수 없다는 걸 말하고 싶다. 카운슬링이 그런 '삶의 가치'를 생각하고 대화를 나눌 수 있는 장이 되길 바란다.

Key point

생각하는 사람의 습관은 이것부터 다르다!

물질적인 풍요와 안정된 복지제도만으로 진정한 '삶의 가치'를 얻었다고 할 수는 없다. 경우에 따라서 '죽음의 가치'와 '삶의 가치'는 하나일 수 있다.

치매

A씨는 75세의 여성이다. 그녀는 명문 고등학교를 졸업하고 선생님이 여자 고등 사범학교 진학을 추천할 정도로 명석했지만, 의과대학 학장의 막내딸로 귀여움을 독차지하며 자란 까닭에 독립심이 부족해, 항상 곁에서 보호해 줄 누군가가 필요한 사람이었다.

남편이 죽고 혼자 살게 되자 집안일도 제대로 챙기지 못해 영양실조로 병원에 실려 가기도 했다. 결국 혼자 살기 힘들다는 판단하에 자비 양로원에 들어가게 되었다. 오빠와 형부가 건재했을 때는 양로원 생활에 아무런 지장도 없었다. 그러나 두 사람이 사망하고 나서는 심적 불안이 눈에 띄게 커지고 생활도 소극적으로 바뀌어 갔다.

나와의 만남은 양로원에 들어가기 전부터 남용해 왔던 진통제를 발견한 양로원 직원이, 정신착란을 겪고 있는 A씨의 카운슬링 의뢰를 하면서였다. 카운슬링을 시작했을 때는 환청과 피해망상, 가벼운 치매증상을 보였지만 과거를 회상하거나 자신의 마음을 표현하는 데는 아무런 문제가 없었다.

카운슬링 관계는 10년 정도 지속돼 왔지만 A씨의 치매증상 진행상황에 따라 내용은 서서히 바뀌어 갔다. A씨는 죽기 전 1~2년 동안 입원생활을 하다 결국 86세에 사망했다.

카운슬링은 초기에 A씨로부터 들었던 그녀의 어릴 시절부터 결혼생활이나 가족에 대한 여러 가지 정보를 이용해 그녀의 마음을 지탱할 수 있게, 자존감을 유지할 수 있도록 하는 정신적 지지에 중점을 두고 면접을 진행해 왔다.

"선생님은 저에 대해 정말 많은 걸 알고 계시네요."라며 그녀는 진심으로 감동을 해주었다. "이건 다 전부터 할머니가 말씀해주신 거예요."라고 대답하자 이해가 간다는 듯 고개를 끄덕였다.

입원 직전 면접 때는 늘 잠에 취할 정도로 체력이 쇠약해진 상태였다. 입원 중에도 가능한 한 정기적으로 방문해 아주 짧은 시간이나마 머리맡에서 이야기를 나누고자 노력했지만 그것도 차츰 나 혼자 일방적으로 이야기를 거는 형태가 되었다.

A씨는 결국 식물인간과 마찬가지 상태가 되었다. 정신과 교수가 나의 은사에게 "여보게, 치매는 노인에게 희망인 것 같네."라고 절절

하게 말하는 걸 학창시절 수업시간에 들은 적이 있는데 이분이야말로 그 당사자였다.

자신이 여태껏 의지해 왔던 오빠와 형부를 잃은 불안감이 치매를 발전시켰다고 단정할 수는 없지만, 치매가 두 사람의 죽음을 잊게 하고 불안한 마음을 줄여준 것임은 틀림없다.

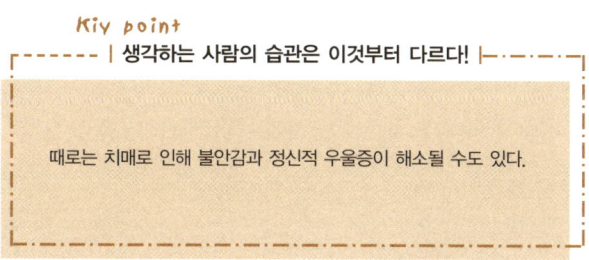

Key point
생각하는 사람의 습관은 이것부터 다르다!

때로는 치매로 인해 불안감과 정신적 우울증이 해소될 수도 있다.

너무 튀어나온 말뚝

 "얼마 전 모 신문에 '튀어나온 말뚝은 얻어맞는다.' 일지 모르나 '너무 튀어나온 말뚝은 얻어맞지 않는다.' 라고 적혀 있었어요. '어, 저건 내가 먼저 생각한 건데' 라며 미리 전매특허를 받아두면 좋았을 걸 하고 생각했어요." 중학교 3학년인 S양은 이렇게 흥미로운 이야기를 했다. S양이 빈번히 발생하는 호흡 발작을 호소하며 찾아온 것이 약 반 년 전이었다. S양은 조기유학에서 돌아온 학생이었다. 중학교 1학년 초 국내로 돌아왔을 때 가장 힘들었던 것은 주변 동급생들과 하나부터 열까지 똑같아야 한다는 풍조였다고 한다.
 "교복과 교칙 따위도 이해할 수 없었지만 사람들의 눈에 보이지 않는 압력, 언제나 남들과 똑같지 않으면 안 된다는 느낌, 게다가 어른들이 요구하는 것 이상 주변 모두가 그런 것들을 강요하는데 견딜 수 없었어요. 서로가 서로를 감시하고 있는 것 같아요."

"공부하다 모르는 게 있어 선생님에게 질문하면 잘난 척한다고 하고."

"남학생들과 스스럼없이 이야기를 하면 예쁜 척한다는 말을 듣고."

"여학생들과 이야기를 해도 '뭐? 그런 것도 몰라?' 라고 바보취급하고. 얼마 전 선거가 있어 정치 이야기를 꺼냈더니 '범생이', '천연기념물' 이라고 놀림만 받고. 언제나 친구들 눈높이를 맞히려 생각하다 보니 숨이 막힐 것 같아요."

"그래도 꾹 참고 있다가 몸에 이상이 생겨 발작을 일으켰더니 이번에는 모두가 걱정이라도 했다는 듯이 '괜찮아! 괜찮아?' 하며 귀찮을 정도로 달라붙는 거예요. 걱정해 줘서 기쁘다기보다 왠지 동정받는 것 같아서 너무 싫었어요."

S양의 이야기가 좀 지나칠지도 모르고 사춘기 특유의 예민함과 설벽증석인 부문이 있을지도 모른다. 하지만 나는 '너무 튀어나온 말뚝은 얻어맞지 않는다.' 라는 말을 스스로 이끌어낸 S양에게 진심으로 존경하는 마음을 가졌다.

그리고 "'너무 튀어나온 말뚝은 얻어맞지 않는다.' 라는 말에 대해 솔직히 나도 잘 모르겠다. 너는 총명하니까 말하겠는데 너무 튀어나온 말뚝을 때리려는 사람이 분명히 있을 수도 있겠지. 하지만

'너무 튀어나온 말뚝은 때리려 해도 때릴 수 없겠지.' 이건 틀림없을 거야."라고 이야기했다. S양은 싱글싱글 웃으면서 "그럴 수도 있지만, '너무 튀어나온 말뚝을 때려 넣으려다 쇠망치가 부서진다.' 일지도 모르죠."라는 대답을 해왔다.

"맞아, 이거 머리가 저절로 숙여지는구나!"

나는 가볍게 칭찬하면서 소녀의 자유로운 감성의 말뚝이 휘어지지 않도록 기원했다. 그리고 나 자신에게도 '너무 튀어나온 말뚝은 얻어맞지 않는다. 때릴 방법이 없다.'를 지향하며 살겠다고 다짐했다. 왜냐하면 한 사람 한 사람의 말뚝을 소중히 여기고 그 모양과 가치를 서로 인정하는 그런 사회를 만들어가고 싶기 때문이다.

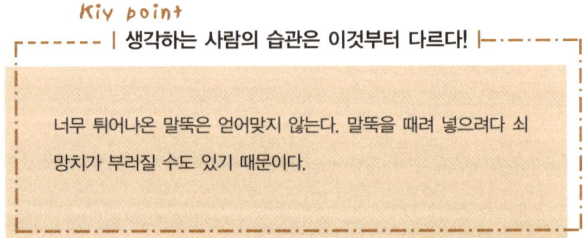

Kiy point
생각하는 사람의 습관은 이것부터 다르다!

너무 튀어나온 말뚝은 얻어맞지 않는다. 말뚝을 때려 넣으려다 쇠망치가 부러질 수도 있기 때문이다.

골을 향해 뛰어가는 순간

나는 마라톤 중계를 보는 걸 좋아한다. 출발 직전의 긴장감, 출발 총성의 순간, 거리와 사람들의 표정 등, 모든 장면이 매력적이지만 그중에서도 마라토너가 골인지점을 향해 달려오는 순간의 얼굴이 가장 매력적이다. 골인 후의 피로감, 고독감, 상쾌함이 드러난 표정은 순위와 상관없이 생동적으로 보인다.

나는 이 얼굴을 어디선가 본 적이 있다고 오랫동안 생각했는데 기억해내지 못한 채 몇 년이 흘렀다. 그리고 어느 날 갑자기 '이건 처음 카운슬링을 받으러 찾아온 사람의 얼굴이다.' 라고 깨닫게 되었다. 고뇌와 피로에 지친 표정이라는 의미가 아니다. '혼자라는 것' 의 외로움과 자유로움이 섞여 있는 표정이 닮아 있었다.

카운슬러를 찾아오는 사람은 마라톤 경주에서 골인지점까지 완주하지 못하고 중간에 포기한 사람, 처음부터 시작도 하지 않은 사람과 같은 이미지를 갖고 있을지도 모르지만 일을 하면 할수록 누구나 분명하게 자신만의 마라톤을 하고 있다는 것을 실감하게 된다.

겉으로 보기에는 아무것도 하지 않는 것으로 보이고 절대로 마라톤을 할 것처럼 보이지 않는 사람이 일단 마음의 세계에 눈을 돌리면 자신의 말로 표현하게 됨과 동시에 그 사람이 지금까지 열심히 달려온 마음의 마라톤 코스가 카운슬러인 내게도 확실하게 보인다. 동시에 그 사람 자신에게도 보일 것이라고 생각한다. 이것은 많은 시간과 정열을 쏟아 부은 결과로만 얻을 수 있는 것으로, 확실한 형태로 나타나게 된다.

겉으로는 고뇌로 가득하다거나, 피로에 젖어 있다고밖에 표현할 수 없는 사람이 카운슬링 중에 이런 꼬리표 뒤에 감춰져 있는 또 다른 자신을 향해 시선을 돌리게 되면서 마치 다른 사람이 된 것처럼 자신의 말로서 표현하기 시작하는 것을 나는 수도 없이 보아왔다.

그것은 마치 그 사람이 자신의 발로 달려온 마라톤 코스에 대해 이야기하는 것처럼 느껴졌다. 어쩌면 공식 코스에서 벗어난 것일지도 모른다. 혹은 남들이 보기에 전혀 달리지 않은 것처럼 보일 수도 있다. 하지만 그 사람이 한 걸음 한 걸음씩 달려온 분명한 마라톤 코스이며, 듣고 있는 내 눈에 마음속의 여러 가지 풍경이 보이는 형태로 재생된다. 그럴 때는 그의 마라톤을 바라보고만 있는 구경꾼에서 벗어나 나도 함께 달리고 있다는 느낌을 받는다.

마라톤 코스는 사람에 따라 천차만별이지만, 다시금 인간의 다양성에 대해 생각하게 한다. 그리고 상담실을 방문했을 때가 지금까지 달려온 마라톤의 골인지점이라는 것을 깨닫는 사람은 충실감에 넘치는 표정으로 상담실을 나가게 된다.

일을 하면 할수록, 인생을 살면 살수록 누구나 분명하게 자신만의 마라톤을 하고 있다는 것을 실감하게 된다.

 큰 나무는 뿌리가 깊다

　부평초는 파도를 타고 조류를 떠다니며 살아간다. 사막의 뿌리가 없는 풀 중에는 모래 위를 데굴데굴 굴러다니며 살아가는 것도 있다. 산사에 우뚝 솟은 잣나무나 떡갈나무는 땅속 깊이 뿌리를 내리고 있는데 실뿌리 길이까지 재보면 지구를 한 바퀴 돌 정도라고 한다.

　근본이 어두운 것을 싫어하는 시대지만 그게 정말 잘못된 걸까? 어두우면 어두울수록 뿌리는 깊고 넓게 영양분을 흡수할 수 있다. 뿌리는 줄기를 자라게 하고 잎을 무성하게 하며 꽃을 피우고 많은 열매를 맺게 한다.

　부평초는 크게 자라지 않고 사막의 나무들은 풍성한 열매를 맺는 나무가 거의 없다. 그렇다고 해서 이들의 가치를 평가 절하하는 건 아니다. 크게 자라지는 않더라도, 혹은 열매를 맺지 못한다 하더라도 아무런 상관이 없다. 모두가 생명(유전자)의 표현으로 어떤 삶의 방식이 좋다고 단정 지을 수 없을 뿐이다.

근본이 어두워도 괜찮다. 그로 인해 고립당하는 걸 두려워할 필요는 없다. 높은 봉우리는 산자락이 넓고 큰 강은 그 유역이 넓다. 여러 가지 혼돈 속에서 조용하고 천천히 하늘을 찌르고 도도하게 바다로 흘러간다.

다른 그 어떤 것에 의지하지 않고 홀로 늠름하게 우뚝 서 있다. 흐름에 맞추는 것이 아니라 자기 자신으로 완성돼 가는 것이다. 좌우를 살피며 눈치를 보는 건 길을 건널 때만으로 충분하지 않을까?

주변을 두리번거리며 너무 신경을 쓰다 피로에 지치는 것도 일생, 의연하게 혼자만의 길을 가는 것도 일생이라고 하지만 고독에 익숙해지지 않는 것이 인간이다. 그 결과 인정이나 칭찬을 받으려다 받지 못하고, 떨어지지 않으려다 떨어지고, 맞추려다 맞추지 못하고, 웃음을 주려나 비웃음을 낳고, 타려다 타지 못하고…… 그러면서 지쳐버린다.

가끔 커다란 나무를 보러 가는 건 어떨까? '참장공'이라는 수목과 혼연일체가 된다는 기공이 있다고 한다. '현자는 산으로 간다.'는 말처럼 때로는 커다란 산을 보러 가는 걸 어떨까? '우물 안 개구리는 바다를 모르지만 하늘의 깊이는 안다.'는 말이 있는데, 때로는 넓은 바다를 보러 가는 건 어떨까?

넓고 느긋한 '어두운 근본'이라면 마음속에 '결계(結界: 특별한 사람밖에 받아들이지 않는 신성한 장소)'를 가지고 있을 필요가 있다고 생각한다.

Kiy point
생각하는 사람의 습관은 이것부터 다르다!

높은 봉우리는 산자락이 넓고 큰 강은 그 유역이 넓다. 여러 가지 혼돈 속에서 조용하고 천천히 하늘을 찌르고 도도하게 바다로 흘러간다. 흐름에 맞추는 것이 아니라 자기 자신으로 완성돼 가는 것이다.

만약 세상이 험했다면

"세상은 험하다."

"세상은 네 생각처럼 만만하지 않아."

부모가, 선생님이, 선배가, 형이, 누나가, 회사 상사가, 잘 모르는 아저씨까지 아이들이나 젊은 사람들을 향해 설교할 때 자주 등장하는 말이다. 나도 몇 번이고 들은 적이 있고 지금도 어디선가 들리는 것 같은 느낌이 든다. 하지만 정말 그럴까?

나는 강연을 할 때 자주 이런 말을 한다.

"중학생 아이가 있다는 건 정말 힘들죠? 말을 듣지 않으니까요. 부모에게 반항만 하지요. 아직 철부지에 세상물정도 모르는 주제에……."

강연장에 모인 어머니들은 모두 그렇다는 표정을 짓는다.

"그리고 여러분은 아마 이렇게 말할 거라고 생각합니다. '너는 세상물정을 전혀 모르니까.', '네가 생각하는 것만큼 세상은 만만하지 않아!'"

강연장의 어머니들이 모두 그렇다는 표정을 짓는다.

"정말 그렇게 말하고 싶을 겁니다. 아직 철부지니까요. 우리도 부모님께 귀에 못이 박히도록 들은 말이니까요."

'맞아요, 정말 많이 들었어요.' 하는 분위기가 퍼져 나간다.

(이때 물을 한 모금 마신다.)

"하지만 그건 거짓말입니다. 세상이 정말로 험했다면 저나 여러분이나 이렇게 한가롭게 앉아 있을 수 있을까요? 거짓말을 해서는 안 됩니다."

여우에게 홀린 것 같은 표정이 70%, 웃음보를 터뜨리는 사람이 30% 정도다.

"그렇잖아요. 우리는 자기 혼자 살아갈 수 있을 만큼 힘이나 재능이 없습니다. 힘든 일이 있거나 고통스러운 상황에 부닥쳤을 때 정말로 혼자 해결한 사람은 거의 없을 겁니다. 그럴 때 반드시 누군가의 도움을 받거나 의지를 했을 겁니다. 덕분에 지금 이렇게 살아 있는 겁니다."

강연장은 그러고 보니 그렇다는 분위기다.

"나는 세상만사 어떻게든 된다고 가르치는 게 교육이라고 생각합니다. 우리 같은 사람도 어떻게든 살아가게 돼 있으니 너희도 공부만 하지 않아도 되고, 걱정하지 않아도 돼. 어떻게든 다 살아가게 되어 있으니 좋아하는 것을 해라. 그리고 친구들과 즐겁게 놀아라! 하고 말할 겁니다."

"정말 그래도 되나요?"

"그렇게 가르치면 걷잡을 수 없게 될까 봐 걱정이에요."

강연장에서 이렇듯 당연한 목소리가 들려온다.

"아니오, 괜찮습니다. 댁에 돌아가시거든 아이들에게 그렇게 말해 보세요. '엄마는 정말 세상물정을 모르는군.' 하는 말을 듣게 될 겁니다."

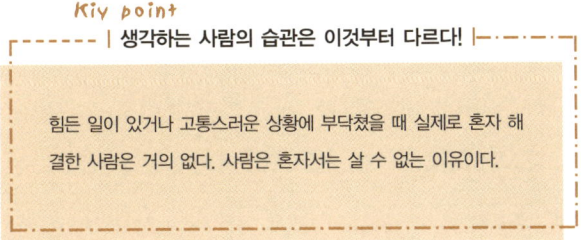

Kiy point
생각하는 사람의 습관은 이것부터 다르다!

힘든 일이 있거나 고통스러운 상황에 부닥쳤을 때 실제로 혼자 해결한 사람은 거의 없다. 사람은 혼자서는 살 수 없는 이유이다.

심리학으로도 마음은 알 수 없다

세상은 지금 심리 붐인 것 같다. 이런 책이 출판된다는 것이 바로 그 증거일 것이다. 모 방송프로그램이 유행의 견인차 구실을 한 것 같다. 이 프로그램은 겨우 1년 만에 끝나버렸지만 단행본으로 발간돼 베스트셀러가 됐다. 최근에는 각종 심리 게임을 정리한 책과 잡지도 많이 나오고 있고, TV에서도 심리학이 심심찮게 등장한다.

대학 1년생인 A는 심리 게임이나 심리 테스트를 좋아해서 심리학 수업에 강의를 신청했다. 하지만 몇 번 강의를 들어보고 적잖이 실망했다. 완전히 예상 밖이었던 것이다. A는 심리학을 공부하면 자신의 성격은 물론 친구들의 생각이나 친구와의 궁합 등을 알 수 있지 않을까 내심 기대를 하고 있었다.

하지만 교수의 강의는 사물에 대한 사고, 조건반사, 아이들의 발달, 학습의 심리 등으로 A가 기대한 것과는 전혀 달랐다.

그런 A와 같은 사람에게 나는 이런 말을 해주고 싶다.

"분명히 심리학이란 사람의 마음을 연구하는 학문이니 심리학을 공부하면 금방이라도 사람의 마음을 읽을 수 있을 것 같은 느낌이 듭니다. 대학의 심리학 교수들은 잠깐 만난 것으로도 사람의 성격과 생각을 전부 읽어낼 수 있을 것 같지요? 그런 사람들과 만나면 자신의 마음을 전부 다 꿰뚫어 보고 있는 것 같아 무서워집니다.

그러나 그런 일은 절대 일어나지 않습니다. 원래 심리학이라는 것은 독심술이 아닙니다. 세상 사람들이 심리학을 공부하면 사람의 마음을 읽을 수 있다고 생각하는 것은 대단한 착각입니다. 학문으로써의 심리학은 실험과 조사로 축적된 수많은 결과에서 인간 행동의 일반적인 법칙과 원리를 찾고자 하는 것이 기본 틀입니다.

따라서 대학에서의 학술적인 심리학에서 특정인인 당신과 당신 친구 등 어떤 특정 상황에서의 심리 따위는 알 수 없습니다. 우리가 알고 싶어 하는 것은 그런 개인의 마음이기 때문에 상당한 차이가 있습니다. 그렇다고 해서 실망하지 말고 심리학을 공부하십시오. 어쩌면 참고가 될 수도 있고, 학술적인 심리학도 나름 흥미롭게 느껴질 수 있으니까요."

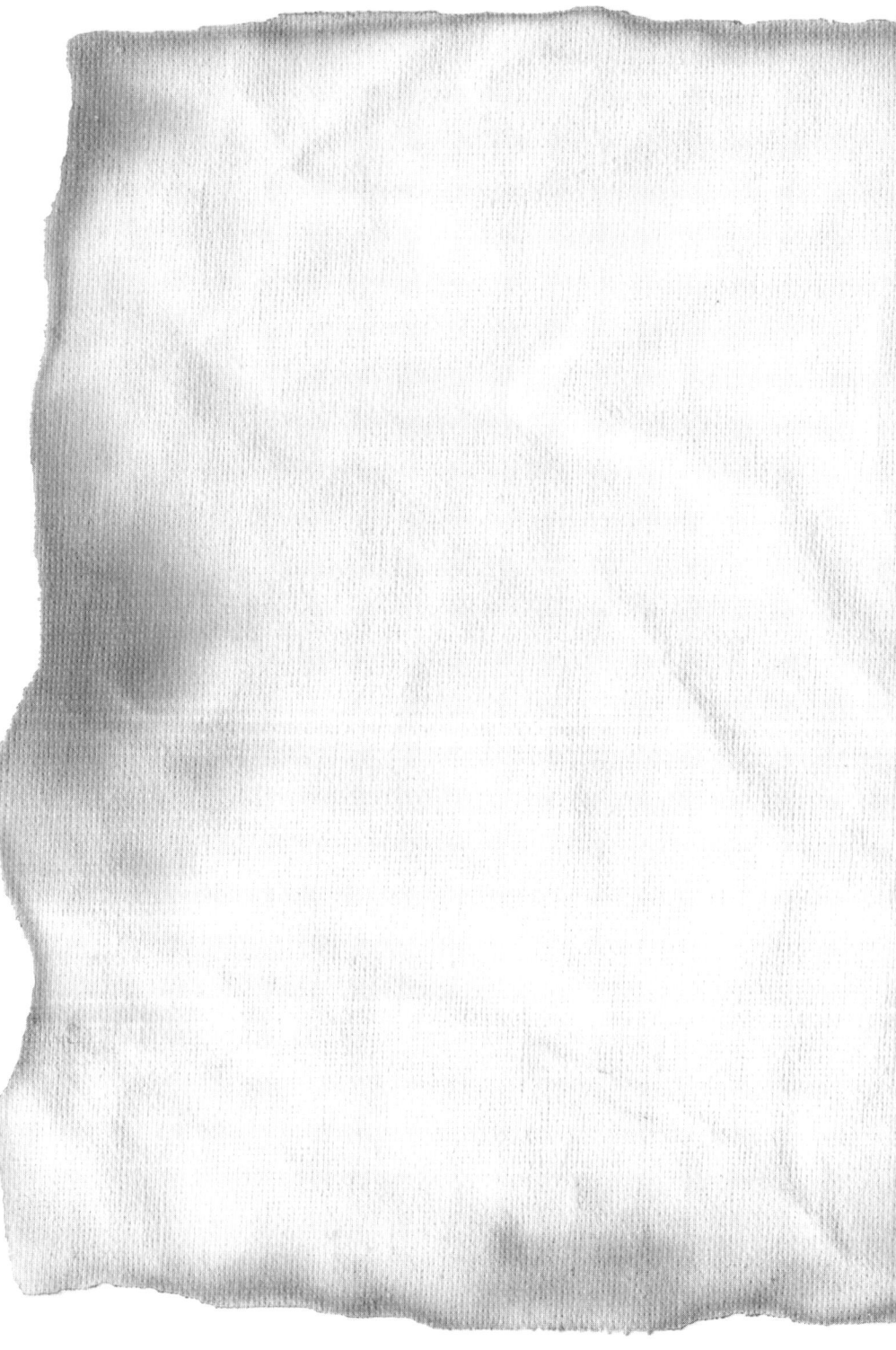

제2장

마음의 오솔길을 걷다

처음부터 잘할 수는 없다

　세상에는 무서운 것으로 가득하다. 그럼에도 불구하고 자신이 넘치는 사람들과 상대하는 것은 상당히 곤혹스럽다. 조금이라도 약한 모습을 보이면 "무슨 소리야! 인생, 이제부터 시작이라고. 무슨 일이건 부딪쳐 보는 거야!"라고 큰 소리로 격려해 준다. 너무 기운찬 격려에 '나는 정말 형편없는 놈이야, 그에게는 절대 이길 수 없어.'라며 천성이 약한 사람은 더욱 움츠려들게 마련이다. 자랑할 정도는 아니더라도 조금의 재주를 가진 사람이 자신만만한 사람에게 "뭐야, 그 정도 가지고."라는 소릴 들으면 그야말로 풀이 죽어버리고 만다.
　이렇게 자신만만한 사람 옆에 가면 그나마 없는 자신감마저 흡수당하기 때문에 두렵기까지 하다. 원래 돈이나 자신감 따위의 것들은 몰래 저장해 두는 게 상책이다. "조금 있기는 하지만……."이라고 말하는 순간 더 많이 가지고 있는 사람이 뺏으려 달려들기 때문이다.

그렇다면 처음부터 자신이 전혀 없는 사람은 어떻게 하는 게 좋을까? '하려고 해도 자신이 없어서…….' 라든가 '무슨 일이든 자신이 없어서…….' 라는 내용의 상담을 전국 어디서나 들을 수 있다. '겉으로 보기엔 자신만만해 보이지만 실제로는 자신이 없다.' 는 사람까지 포함한다면 그야말로 엄청나게 많은 사람이 그렇게 느끼는 것 같다.

여기서 잠시 생각해 보자. '자신이 없다.' 라는 말을 하고 싶을 때는 언제인가? 여러 가지 경우가 있겠지만 적어도 자신을 갖고 하지 않으면 안 되는 경우만 있는 것은 아니라고 생각한다. 자신이 있건 없건 간에 어차피 하지 않으면 안 된다면 일단 조심스럽게 해보는 게 어떨까? 자신이란 건 해보지 않으면 모르는 것이다. 처음부터 자신만만한 것은 자신이 아니라 맹신이라고 해야 할 것이다.

그 증거로 그런 자신은 대개 불합리한 착각에서 비롯된다. '내가 하려고 마음먹었으니 가능한 게 당연하다.' 나 '이럴 때는 절대 성공한다.' 라는 식으로. 그래도 '자신이 없어' 불안한 사람은 카운슬러를 찾으면 된다. 카운슬러는 항상 자신감이 넘치는 것처럼 보일지도 모르지만 실제로 그들만큼 자신감이 결여된 사람들도 없을 것이다.

그래도 어떻게든 헤쳐 나가는 그들을 보면서 조금은 자신감을 가질 수 있을지도 모른다(요약하자면, 자신감이 넘치는 카운슬러는 미심쩍은 사람이라는 뜻이다).

그리고 귀 울림으로 대표되는 자율신경 실조는 현대인의 공포를 대표하는 것이다. 뭔가 큰 병의 전조가 아닌지, 혹은 이미 중병에 걸린 게 아닌지, 수많은 사람들이 두려워하고 있다.

집안일을 두려워하는 것은 요즘 남편들뿐만이 아니다. '평생 집안일에 얽매여 살아야 하는 게 아닐까.' 하며 모든 아내들도 두려워하고 있는 것 같다.

끝으로 아버지는 핵가족화 사회에서 부모와의 동거문제를 떠올려 본다면 그 공포감을 충분히 실감할 수 있지 않을까? 이러고 보면 세상은 변했지만 공포의 대상은 그다지 바뀌지 않은 것 같다.

Kiy point
생각하는 사람의 습관은 이것부터 다르다!

자신이 있건 없건 간에 어차피 하지 않으면 안 된다면 일단 조심스럽게 해보아야 한다. 처음부터 자신만만한 것은 자신이 아니라 맹신이라고 해야 할 것이다.

수상한 심리학자

대학교수의 말은 다 맞는 것처럼 들린다. 일단 교수라는 직책에 다 머리가 벗겨진 사람이 말하면 왠지 권위가 있어 보인다.

중학교 선생인 S는 우연히 참가한 강연회에서 모 저명한 대학교수가 현재 학교교육의 문제는 선생들이 카운슬러를 공부하면 금방 해결될 수 있다고 열변을 토하는 걸 듣게 되었다. 평소 학생들의 지도로 고민하던 선생은 이 말에 감동하여 곧장 카운슬러 전문서적들을 사들이고 열심히 공부했다. 그 책에는 대부분 '상대를 수용할 것', '상대와 공감대를 형성하고 이해할 것'이 강조돼 있었다. S 선생은 과거의 강압적인 지도 방법을 반성하고 곧바로 학생지도에 적용해 봤다. 또 교무실에서는 카운슬링이 얼마나 중요한지를 역설하며 다녔다.

과연 결과는 어땠을까? 학생들이 처음에는 이상하다는 표정을 지었지만 점차 S 선생이 뭘 해도 화를 내지 않는다는 걸 알고 이전보다 더욱 극성스러워졌다. 교무실에서는 다른 선생님들이 '또 시작했군.' 하는 얼굴을 하며 자리를 피하게 됐다. S 선생은 난처해졌다. '대학교수가 카운슬링을 공부하면 모두 해결될 거라고 했는데…… 공부가 부족한 걸까?' 라고 생각했다.

나는 그런 S 선생에게 이렇게 충고해주고 싶다.

"선생님들이 카운슬링을 공부하는 건 좋은 일임에는 틀림없습니다. 하지만 현재 학교교육에 관한 문제는 카운슬링을 도입하는 것만으로 해결할 수 있는 간단한 문제가 아닙니다. 게다가 카운슬링의 이론에서 말하고 있는 건 대부분 이상에 불과합니다. 사람을 상대로 할 경우 이론대로 이루어지는 경우는 거의 없습니다. 대학교수들은 대부분 현장의 실제 상황을 모르고 있습니다. 따라서 대학교수들의 말을 있는 그대로 받아들이는 것은 위험합니다. 게다가 그런 권위에 맹목적으로 따르려는 성격에도 문제가 있을 수 있습니다. 먼저 자신을, 그리고 현실을 분명하게 파악해야 합니다."

그런데 이 책에 글을 올린 사람 대부분은, 그리고 나 또한 대학교수이니 과연 이 이야기를 어디까지 믿는 게 좋을까?

먼저 자기관찰부터

매일 매일의 일상 속에서 우리의 마음이 움직이고, '매일 좋은 일' 만 일어나지 않는 건 당연하다. 사람들은 "평소에 몸과 마음을 단정히 하고 어떤 상황에서도 평상심을 잃지 말라."고 말하지만 그럴 수 있는 사람이 과연 얼마나 될까? 오히려 일상생활 속에서 희로애락의 존재야말로 인간다운 삶이라고 할 수 있지 않을까?

그렇지만 역시 스트레스가 쌓이고 심신의 부조화가 지속된다면 그 상태에서 한시라도 빨리 벗어나고 싶어 하는 게 자연스러운 이치일 것이다.

심신의 부조화라고 해도 그때그때 정도와 내용이 다르고, 또한 사람마다 느낌과 현상이 다르다. 따라서 대책을 생각할 때 자신의 상태를 관찰하고 파악할 필요가 있다. 가능한 한 꼼꼼히 관찰하고 자기방식대로 표현하는 것이 중요하다. 관찰 방법은 마음과 신체의 상태를 각각 따로 체크하는 것이다. 특히 신체에 대해서는 부위마다 한곳씩 주의 깊게 검진해 나가는 것도 한 가지 방법이다.

A씨는 자신의 실수가 머릿속에 꽉 차 있어 한밤중에도 잠을 제대로 이루지 못했다. 새벽에 눈을 떠 그 일을 생각하는 게 너무 힘들어 가능하면 아무 생각을 하지 않도록 마음을 차분하게 가라앉히기로 했다.

처음에는 어느 정도 마음이 가라앉았지만 점점 한밤중에 잠이 깨는 빈도가 늘어갔다. 이런 상태가 한 달 이상 지속돼 A씨는 더 이상 시간이 해결해주기만 기다릴 수 없었다. 그때 A씨의 머릿속을 스치고 지나간 생각은 '지금까지는 생각하지 않고 피하려고만 했지만 이제부터는 내 현재 상태를 관찰해 보자.' 는 것이었다.

그 생각이 떠오를 때마다 심신이 어떤 변화를 일으키는지 유심히 관찰해보니 가슴이 답답해지고, 어깨에서 등까지 식은땀이 흐르고, 어깨가 굳어지는 느낌이었다.

A씨는 관찰을 하면서 지금 상태를 유지하자고, 힘들지만 참을 수 있는 데까지 참아보자고 생각했다. 어깨가 굳어지는 것은 정신적 고통을 신체 일부가 나누어 받기 때문이라고 생각했다. 이런 마음을 갖게 됨과 동시에 A씨는 이 문제에서 해방됐다. 다시 말해 그 일을 떠올려도 전혀 아무렇지 않게 됐다. 일단 자기 자신의 상태를 관찰

하려고 한 것이 상태를 호전시켜 준 것이다.

자연 속에서의 산책과 운동, 친구들과의 수다, 호흡법 등 스트레스 해소법과 심신의 부조화에서 벗어나는 방법은 여러 가지지만, 직접적으로 자신의 상태를 확인하고 자신에게 맞는 건강법을 찾아내려 노력하는 것이 중요하다.

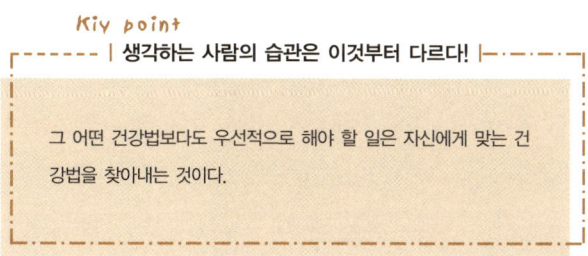

Kiy point
| 생각하는 사람의 습관은 이것부터 다르다!

그 어떤 건강법보다도 우선적으로 해야 할 일은 자신에게 맞는 건강법을 찾아내는 것이다.

너무 많이 아는 것은

　사람들은 무슨 일이건 '딱 좋다.'라는 상태가 거의 없고, 매일을 '과하다.'나 '부족하다.'로 보내고 있는 건 아닐까? 특히 '과하다.'에 대해서는 예부터 끝없이 주의를 기울이는 경우가 많다. 그런데 여전히 '과식', '과음', '과로' 등등, 우리는 과한 생활을 하고 있다.
　하지만 이런 과한 것들 중 '너무 많이 아는' 것만큼 성가신 것도 없다고 생각한다. 물론 '너무 모르는' 것도 곤란하기는 마찬가지지만 그래도 '너무 많이 아는' 것에 비교할 바가 아니다. 왜냐하면 '너무 모르는' 것은 어딘가 순진한 느낌이 있기 때문이다.
　그것은 바꿔 말하면 '세상물정을 모르는' 것이라고도 할 수 있지 않을까? 그럼 '너무 많이 아는' 것은 '특별하다.'는 것이냐고 물을 수도 있겠지만 조금 느낌이 다른 얘기다. '너무 모르는' 사람 중에도 '특별하다.'는 사람이 상당히 많다. 그렇다면 '너무 많이 아는' 사람은 호기심이 강한 사람인가 하면 그것도 조금 다르다. 이 경우 '너무 많이 아는' 것에는 앞에서와 마찬가지로 순진한 느낌이 있다.

문제는 몰라도 여러 가지 이유로 알 수밖에 없게 된 경우이다. 어느 환자 한 사람이 특정 종교에 매우 심취해 있었다. 어느 날 그 여성이 조심스럽게 이런 말을 했다.

"몰라도 되는 것까지 알 필요는 없다고 생각합니다."

안다는 것은 바로 이런 것이 아닐까. 적당히 아는 게 좋다는 말이다. '너무 많이 아는' 건 확실히 좋지 않다. 오히려 불행해지는 쪽에 가까울 수도 있다.

또 한 가지, 흔히 "그 녀석은 반성이 부족해."라고 비난하는 경우가 있다. 그럴 경우 왠지 주변 사람들에게 '어쩔 수 없다.'는 의식을 심어주게 된다. 이것은 순진함에 대한 우리의 정당한 반응이지만 '어쩔 수 없다.'라는 감각은 정신 위생상으로도 중요한 감각이다. 왜냐하면 세상은 정말로 어쩔 수 없는 것들로 가득하기 때문이다.

왜 '너무 많이 아는' 것이 문제인가 하면 그것은 반드시 인간관계에서 '지나친 간섭'을 유발하기 때문이다. 역으로 말하자면 '너무 많이 아는' 중에서도 어떤 특정 인물에 대해 '너무 많이 아는' 경우 엄청난 사태를 유발할 수 있다.

인간관계는 과열로 복잡해진다는 걸 알아야 한다. 부모-자식,

부부, 연인, 친구 사이에서도 너무 많이 알고 있으면 대하기 힘들어지거나 재미없어지게 된다.

무엇이든 알지 않으면 안 되는 현실 속에서 '너무 모르는' 것도 그다지 나쁘지는 않다.

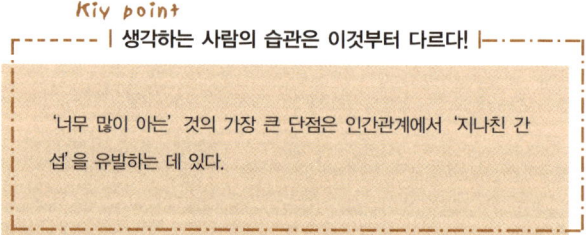

'너무 많이 아는' 것의 가장 큰 단점은 인간관계에서 '지나친 간섭'을 유발하는 데 있다.

있는 그대로의 가치

마음의 문제나 그 정리, 푸는 방법은 여러 가지가 있지만 그 기본은 자신이 품고 있는 문제에 대해 '옳고 그름'을 따지지 않고, 평가하지 않고, 특정 가치관과 단순한 생각으로 결론을 내리지 않는 것이라고 생각한다.

'기분이 너무 우울하기 때문에' 고민하고 있다고 가정하자. 하지만 '그건 내 약점이다.' 거나 '그건 성격의 문제다.' 라고 한다면 본인 스스로 이의제기나 설교만 하게 돼, 실제로 그 문제 때문에 힘들어하고 있는 자신을 소중하게 여길 수 없다.

카운슬러의 전문성 중 하나는 대부분 상담이 그 사람의 생각에 '그건 이렇고 저렇고' 하는 평가로 끝나는 것이 아니라 그 사람이 있는 그대로 충분히 고민할 수 있는 장소를 제공할 수 있다는 점이다.

하지만 별도로 카운슬링을 받지 않고도 조금만 신경 쓰고 노력한다면 있는 그대로의 자신에게 다가갈 수 있다. 아래에 그 방법을 대략적으로 설명하기로 하겠다.

일단 몸을 편안하게 하고 '자신이 신경 쓰고 있는 일', '마음에 걸리는 일'을 하나씩 어떤 점이 신경 쓰이는지 점검해 보는 것이다. 이때 중요한 것은, '자신은 이런 점이 신경 쓰인다.'가 그 하나이고, '이런 게 신경 쓰이고 있구나.'가 나머지 하나이다. '또한 이런 문제도 안고 있다.'라는 식으로, 하나하나 신경 쓰이는 것에 대해 전혀 생각하지 말고 그저 허심탄회하게 자신의 문제를 바라보는 것이 중요하다.

그리고 그 문제에 대해 생각하거나 판단하지 말고 '지금 나는 이런 문제로 고민하고 있었군.', '이런 문제를 신경 쓰고 있었군.'과 같이 그 문제에 대해 고민하고 있는 자신을 소중하게 여기려는 마음이다. 지금의 자신에게 있어 더 이상 신경 쓸 일이 없어질 때까지 하나하나 점검해 나간다.

이때 아주 사소한 문제라도 문제는 문제로써 크건 작건 간에 점검해 보는 것이다.

끝으로 여러 가지 일에 신경을 쓰고 있는 자신을 지금 현재 있는 곳에 앉혀 두고 약간 거리를 두고 바라본다는 생각으로, 실제로 앉아 있는 위치를 바꿔 신경 쓰이는 자신과 거리를 두고 바라본다.

이런 방법만으로도 실제 상담에 들어가기 전의 심적 압박감을 상당히 가라앉힐 수 있다.

이때 주의할 것은 문제는 문제로써 가능한 한 있는 그대로 하나 하나 허심탄회하게 점검한다는 것이다.

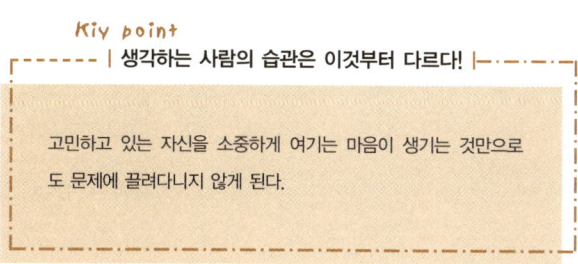

Kiy point
| 생각하는 사람의 습관은 이것부터 다르다!

고민하고 있는 자신을 소중하게 여기는 마음이 생기는 것만으로도 문제에 끌려다니지 않게 된다.

외출용 얼굴

사춘기에서 청년기에 접어드는 대부분 사람은 자신을 싫어하는 것 같다. 혹은 유달리 결벽 증세를 보이거나 주변의 기대에 부흥하려고 기분이 우울해도 밝은 척하는 등, 여러 가지 노력을 하게 된다.

하지만 내심 그런 식으로 연기하고 있는 자신이 거짓말을 하는 것 같아 자신의 진짜 모습을 감추는 것에 죄의식을 느끼기도 한다. 때로는 그런 자신을 좋아해주는 사람을 만나기도 하지만 '진정한 자신'은 결코 그나 그녀가 알고 있는 자신이 아니므로 더욱더 죄책감에 빠져들 수밖에 없다. 그리고 '진정한 자신'을 보여주거나 알려지는 것을 두려워하게 된다.

한편으로 '진정한 자신'을 찾을 수 있다면, 가능하다면, 전부 다 털어놓고 싶다는 소망도 있다.

만약 그나 그녀가 있는 그대로의 자신을 받아준다면 그보다 더 큰 행복은 없다(실제로 연애 전문가가 말하는 최고의 유혹 문구는 '지금 그대로의 네가 좋다.'라고 한다). 물론 이건 상당히 흥미로운 도박이다. "설마 네가 그런 사람인지 몰랐어."라고 상대가 두 번 다시 만나주지 않을 위험성도 있으니까. 하지만 그럴 경우 적어도 거짓말은 하지 않았으므로 죄책감을 느끼지 않아도 된다.

어쨌거나 인간은 어느 정도 성장하면서 이 '진정한 자신'을 잘 감추기 위한 '외출용 얼굴'을 만든다. 이것은 대단한 노력의 결정체로 눈물과 땀으로 범벅이 된 얼굴이라는 생각이 든다. '진정한 자신'을 억누르고 아무도 모르는 내가 되고 싶은 자신, 사람들이 좋아하는 자신, 신뢰받는 자신, 명랑하고 쾌활한 우등생을 연출해서 결국 자타공인의 '외출용 얼굴'이 된다.

누가 뭐래도 그것은 자기 자신이 만들어낸 얼굴이며 지금까지 인생의 작품인 것이다. 세상을 살아가기 위한 '화장'이며 '넥타이'인 것이다.

그것을 설령 모르고 했다고 해도 '진정한 자신'을 들춰내는 카운슬러라는 사람들은 특히 조심을 해야 한다.

심리학이 유행한 덕분에 어느 정도 지식이 있다면 사람의 내면을 들여다볼 수 있는 비법도 발견했을 거라 생각한다. 그렇기 때문에 조심해야 한다. 자신의 마음속 상처에 민감한 사람은 타인의 마음속 상처에도 민감하지만, 민감한 사람이 꼭 좋은 치료사라고 단정 지을 수는 없다. 장난으로 상처를 만지게 되면 금방 나을 상처도 낫지 않는다.

진정한 카운슬러는 꼭 상처의 고통을 아는 사람이 아니라 상처에 딱지가 질 때까지 상처를 지켜주는 사람이다. 그리고 틀림없이 '진정한 자신'과 비슷한 정도로 '외출용 얼굴'을 소중히 여겨주는 사람일 것이다.

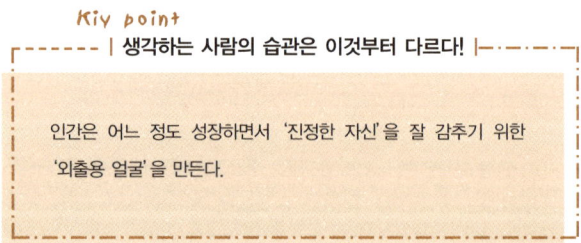

Kiy point
생각하는 사람의 습관은 이것부터 다르다!

인간은 어느 정도 성장하면서 '진정한 자신'을 잘 감추기 위한 '외출용 얼굴'을 만든다.

말로 표현하지 않으면

어느 날 밤 강연회에 모인 학생들의 이야기이다. 우연히 사생활에 관한 것이 화제가 되어 한 학생이 "뭐? 그런 건 입이 찢어져도 말할 수 없어!"라고 했다.

이 말을 시작으로 최근 화제가 되고 있는 '입 찢어진 여자' 이야기로 번져나갔다. 희고 큰 마스크를 하고 "나 예뻐?" 하며 묻고 다니는 입 찢어진 여자의 공포로 유치원과 초등학교에 가지 못하는 아이들이 생겨났고, 그중 몇 명 학생을 상담한 적이 있다.

"나는 사과 사탕을 빨고 있으면 괜찮다고 해서 항상 사과 사탕을 빨고 있었어요."

"나는 주문을 외웠어요."

"하지만 이상해요. 입이 찢어지면 말을 하지 못하잖아요."라고 재미있는 이야기를 하는 학생이 있었다. 듣고 보니 일리 있는 말이었다.

우리에게 상담하러 온 클라이언트 중에 '입 찢어진 여자'와 같은 사람이 있었다.

"저 상담을 하고 싶은데요……."

"이야기를 들어볼까요?"라고 상담에 응하지만 문제의 핵심을 건드리면 "그것만은 입이 찢어져도 말할 수 없어요."라고 한다. "그건 절대 말할 수 없어요. 하지만 이해하시리라 믿어요."라며 눈물로 애원하는 사람도 있다. 하지만 말을 해주지 않으면 점쟁이라도 사정을 알 수가 없다.

사람들은 누구나 마음속으로 봉인한 비밀을 가지고 있다. 하지만 잘 들어보면 이미 그 사람 나름의 결론을 내려 버렸고, 말해서는 안 된다는 주문 같은 것도 의외로 많다.

'입이 찢어져도 말할 수 없다.'는 게 하나쯤 있는 것도 괜찮겠지만 너무 무거운 건 생각해 볼 필요가 있다.

그런 것들이 당신을 더욱더 고독에 빠지게 할지도 모른다. 그럴 때 나는 "정말 입이 찢어진다면 아무 말도 할 수 없잖아요."라고 약간 비꼬듯 말하는 경우도 있다.

반면에 방문할 때마다 "실은……." 하면서 이야깃거리를 가지고 오는 사람도 조심해야 한다. 이런 연예 주간지와 같은 타입은 날름 날름 혀를 내밀면서도 엄청난 비밀을 감추는 경우가 있다. 입을 꾹 다문 사람은 물론이고 말이 많은 사람까지도 뜻밖에 말로 표현하는 데 저항감이 강한 사람일지도 모른다.

그런 점에서 아이들은 참 좋은 것 같다. 우리가 아이들의 마음을 잃지 않는 한 입이 찢어지더라도 놀아줄 것이다. 어쩌면 어른이란 존재는 미완성이 아닐까?

Kiy point
생각하는 사람의 습관은 이것부터 다르다!

> 사람들은 누구나 마음속에 봉인한 비밀을 가지고 있다. 하지만 그런 것들이 당신을 더욱더 고독에 빠지게 할지도 모른다.

고민 방법에도 습관이 있다

파란 하늘에 두둥실 흰 구름이 둘 셋 떠다닌다. 이렇게 맑은 날씨처럼 온화한 기분으로 하루하루를 보낼 수 있다면 얼마나 좋을까? 하지만 실제로 우리의 일상에 고민은 끝이 없다. 여러 가지 고민이 생겼다가 사라지고 사라졌다 싶으면 다시 생겨나는 것이 사람들의 마음이 아닐까? 고민을 완전히 없애는 것은 엄청난 수행을 쌓지 않는 한 상당히 어려울 것이다. 하지만 '고민 방법'을 연구하고 제대로 고민하는 건 어느 정도 가능할 것이라고 본다.

'적어도 일곱 가지 버릇'이라는 말이 있듯이 우리는 누구에게나 버릇이 있는데 고민 방식에도 버릇이 있는 것 같다. '제대로 고민'하기 위해서는 먼저 자신의 고민 버릇을 깨달아야 할 필요가 있다. 몇 가지 '버릇'의 예를 들어보겠다.

고민이 생겨나면 그것을 해소하기 위해 바로 행동으로 옮기는 버릇을 가진 사람이 있다. 이것은 고민이 간단할 때는 좋은 방법이다. 간단한 고민은 끙끙 앓기보다 행동해서 해소해야 할 것들이다.

하지만 고민에는 간단히 해결할 수 있는 것과 천천히 시간을 두고 해결해야 하는 것이 있다. 예를 들어 '현재 하는 일이 내게 맞지 않아.' 라는 고민을 해결하려고 바로 이직을 생각하고 행동으로 옮기는 것은 그다지 좋은 방법이라고 할 수 없다. 잘못하다가는 이직을 반복하다 결국 자신에게 맞는 일을 평생 찾지 못할 수도 있다. 그렇기 때문에 상황에 따라 행동으로 옮길 때 신중해야 하고 천천히 시간을 두고 생각할 필요가 있다.

고민에 빠질 것 같으면 거리를 두고 그냥 지나쳐 버리려고 하는 사람도 있다. 이것은 쓸데없는 고민을 만들지 않고 살아가는 좋은 방법이다. 하지만 도망치고 회피하다가 자칫 고민을 키우는 꼴이 되기도 한다.

예긴대 자신의 아내가 질투심이 상하다는 것을 알면서도 모른 척하며 아내의 투정을 흘려버리는 건 좋은 방법이라고 할 수 없다. '호미로 막을 것을 가래로 막는다.' 는 속담처럼 커다란 소동이 벌어진 뒤에 고민을 시작하면 해결하기가 몇 배로 힘들어지기 때문이다.

상황에 따라서 '이건 피해서는 안 돼.' 라고 생각되는 것은 고민할 때 충분히 고민하는 것이 오히려 해결하기 쉽다.

고민이 생기면 그것을 혼자 짊어지고 누구에게도 말하지 않고 스스로 해결하려고 하는 버릇을 가진 사람도 있다. 자신의 힘으로 해결할 수 있는 고민의 경우 그렇게 하는 것이 가장 좋을 것이다.

하지만 고민에 따라서는 누군가와 상담하거나 누군가의 도움을 빌리는 것이 적절한 경우도 있다. 혼자서 해결하려고 무리를 하다가 지쳐버린다면 아무것도 남는 게 없다.

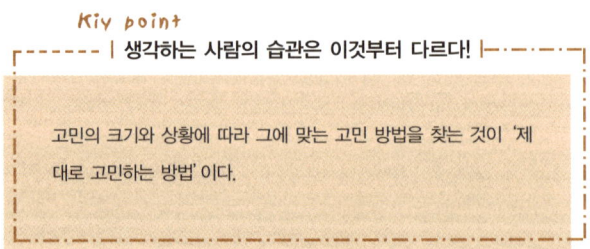

Kiy point
| 생각하는 사람의 습관은 이것부터 다르다! |

고민의 크기와 상황에 따라 그에 맞는 고민 방법을 찾는 것이 '제대로 고민하는 방법' 이다.

방법을 바꾸세요

　Y 선생은 가장 열심인 새벽 연습 멤버로 심료 내과(마음의 병을 치료하는 전문의)의 에이스이다. 구속(球速)이 워낙 빨라 어지간해서는 받아치기 힘들 정도다. 하지만 한 번도 1회전을 통과하지는 못했다. 이유는 간단하다. 그는 직구밖에 던지지 못했기 때문이다. 공이 눈에 익기 시작하면 약간 빠른 공이라도 칠 수 있고, 나이로 인한 체력부족도 원인 중 하나였다. 그런데 안타깝게도 그는 구속을 높이는 데만 혈안이 되어 있었다.
　"방법을 바꾸세요. 변화구를 익히면 직구를 살릴 수 있고 체력도 문제가 없을 겁니다."
　처음에는 주저하던 그가 광속구를 던지던 모 투수의 예를 들어주자 눈빛이 달라지기 시작했다.

드디어 이인삼각의 연습이 시작됐다. 공을 쥐는 방법, 손목을 비트는 방법, 컨트롤하는 방법 등을 지도해 주었다.

그는 빠른 직구라는 자존심을 버리고 내 지도를 받아들였다. 그는 놀랄 정도로 빨리 체득하여 겨우 2~3일 특별훈련으로 날카롭게 휘는 공을 던지게 됐다. 컨트롤도 훌륭했다. 그는 자신에 넘쳐 있었다. 하지만 마음에 걸리는 게 있었다. 그의 커브는 '예측'할 수 있었다. 하나는 커브를 던질 때 팔이 직구보다 약간 낮다는 것과, 커브를 던질 때 글러브를 살짝 쳐다보는 습관이 있다는 것이다.

나 또한 어깨를 다치기 전까지는 고향에서 에이스였다. 투구에 대해서는 일가견이 있는 전문가다. 내 예리한 지적에 Y 투수는 고마워했다. 이렇게 Y 투수는 진정한 변화구 투수로 다시 태어나게 되었다.

드디어 실력을 발휘할 순간이 찾아왔다. 나는 그에게 자신을 갖도록 하기 위해 야구 초보자인 수련의를 타석에 세웠다. 나는 포수 글러브를 끼고 직구와 커브를 섞어가며 사인을 보냈다. 투수는 고개를 크게 끄덕였다.

그런데 그가 던진 커브가 전부 깔끔한 안타가 돼 버렸다.

"그럴 리가 없는데, 잘 휘어져 들어왔고 컨트롤이나 볼 배합도 완벽했는데. 잘못된 습관도 완전히 고쳤고…… 대체 이유가 뭐야. 아직 훈련이 부족한가?"

의아해하는 우리에게 수련의는 조심스럽게 비밀을 밝혀 주었다.

"Y 선생님은 커브를 던질 때 싱글벙글 웃고 있으니 금방 알 수 있어요."

그 수련의 덕분에 불필요한 고생을 하지 않아도 된 Y 선생은, 그 뒤 연습시합에서 3연승을 했다.

Kiy point

------ | 생각하는 사람의 습관은 이것부터 다르다! |------

전문가에게 보이는 것이 초보에게는 보이지 않고, 역으로 초보에게 보이는 것이 전문가에게 보이지 않는다.

'왜' 보다 '어떻게'가 중요해

많은 사람들이 이런 말을 한다.

"선생님, 왜 이렇게 됐을까요?", "아이가 이렇게 된 게 제 잘못일까요, 아니면 다른 원인이 있는 걸까요?"

이것은 원인을 알면 간단히 해결할 수 있다는 발상에서 비롯된다. 그리고 이 생각은 흔히 말하는 과학적 발상의 기본과 같은 것으로 근대적 사고방식에 빠져들어 그 밖의 사고를 할 수 없게 한다.

무슨 일이건 그렇다. 어떤 일이건 그에 걸맞은 사고를 하는 것이 중요하다. 따라서 마음을 풀어주는 방법도 마음 자체의 특성에 맞춰 생각하는 것이 중요하다. '왜'라는 질문에는 '마음' 이외의 '신체'나 '사물'에 대해 생각하는 데는 유용하지만 아무래도 '마음'을 생각하는 방법으로는 적절하지 않다.

한 가지 예로 '왜?'라는 질문 자체가 대체 나는 '왜 이렇게 됐는가', '왜 그렇게 했을까' 등, 대부분의 경우 그렇게 생각하는 것 자체에 대해 자책의 에너지를 소비하게 돼 '왜, 왜, 왜'를 끝없이 반복하기 십상이기 때문이다. 다음과 같이 '왜'에서 얻은 대답은 대부분의 경우 끈기가 약하다, 성격 문제, 부모-자식 관계가 좋지 않다 등, 그다지 생산적이지 않거나 과거의 사건이 대부분으로 결국 자신이나 남을 책망하고 마는 것들이 많다.

그리고 '왜'는 또다시 '왜'를 낳게 되고 끝없이 또 다른 '왜'를 불러들이게 된다. 예를 들어 '조상의 묘 때문일지도 모른다.' 따위는 맞을 수도 있고 틀릴 수도 있다.

그 밖에도 금방 깨달을 수 있지만 아주 중요한 것 중 하나가 '왜'라고 '생각'하는 것만으로도 항상 마음이 위축돼 마음이 원래 가지고 있는 유연성을 회복하지 못할 수도 있다. 왜냐하면 '왜?'라는 건 거의 두뇌작용과 같은 작업으로, 마음은 머리로 움직이지 않는다. 머리로 마음은 '생각' 할 수 있시반 '느낄' 수는 없다.

따라서 마음의 문제는 '왜'보다는 '어떻게'라는 다른 질문을 던짐으로써 정리되기도 한다. 예를 들어 '남들의 시선이 너무 신경 쓰인다.' 등의 문제에 대해 어떤 곤란을 겪고 있는지, 그에 대해 어떻게 느끼고 있는지, 그때 어떤 체험을 했는지 등을 생각해 보는 것이다.

그때 '마음이 시멘트처럼 굳어버렸다.' 거나 '줄에 꽁꽁 묶인 것처럼 움직일 수 없었다.' 등, 곤란한 상태에 대해 많은 생각과 비유를 해보는 것이 중요하다. 마음을 넓혀주는 효과가 있기 때문이다.

또 이때 '위가 어떻게 조이는 느낌이다.' 라든가, '몸이 다 녹아내리는 것 같다.' 는 식으로 진행해 나가면 특정 문제로 인해 자신이 어떻게 곤란한 상황인지 조금은 이해가 되고 마음이 정리돼, 그것만으로도 충분히 마음이 가벼워지는 경우도 많다.

Key point
생각하는 사람의 습관은 이것부터 다르다!

'왜'는 또다시 '왜'를 낳게 되고 끝없이 또 다른 '왜'를 불러들이게 된다. 그러나 어떤 문제가 발생했을 때 '왜' 보다는 '어떻게' 라는 다른 질문을 던짐으로써 간단히 해결되기도 한다.

간발의 차

　한 테니스 동아리 합숙에서 있던 일이다. 선배가 초보자에게 공을 쳐주면서 연습을 시키고 있었다. 오른쪽, 왼쪽 공의 방향에 따라 초보 여성이 코트를 달리고 있다.
　"더 빨리 뛰어!", "다리를 움직이라고!", "어딜 보고 있는 거야!"
　선배로부터 잔소리가 날아든다. 초보 여성은 이를 악물고 열심히 뛰어다니고 있지만 잔소리를 들으면 들을수록 실수를 연발한다. 라켓 끝에 맞거나 헛스윙을 하고, 공이 엉뚱한 데로 날아가는 등 선배의 잔소리에 따라 몸이 더욱 굳어져 공을 쫓아가지 못하고 결국 실수연발이었다.
　'휴식'이란 말과 동시에 여성은 "감사합니다." 하고 인사를 한 뒤 벤치로 돌아갔다. 얼굴이 어둡고 풀이 죽어 있었다. 그것을 보고 있던 선배 한 명이 그녀를 가르치고 있던 사람과 이야기를 나누었다.

'시작'이라는 말과 함께 모두 코트로 돌아갔다.

"코치를 바꾸자. 이번에는 내가 공을 쳐주지."

초보 여성의 코치가 바뀌었다. 그녀는 "잘 부탁드립니다." 하고 인사를 했지만 여전히 주눅이 들어 있었다. 코치는 개의치 않고 공을 쳐주기 시작했다. 자세히 보니 그녀가 치기 쉬운 공만 보내주고 있었다. 하지만 그녀는 여전히 몸이 굳어 있어 실수를 연발했다. 그럼에도 코치는 "지금 스트로크는 좋았어.", "백 스트로크 좋은데."라고 그녀의 단점이 아닌 장점을 칭찬해주었다.

차츰 그녀의 움직임이 부드러워지면서 활발해졌다. 그걸 보면서 코치는 조금씩 좌우로 공을 보내기 시작했다. 그녀는 힘겹게 쫓아가고 있었다. "좋아." "바로 그거야." 하고 말하는 사이 그녀는 상당히 거리가 떨어진 곳으로 보낸 공을 쫓지 못하고 헛스윙을 하고 말았다. 풀이 죽어 그 자리에 망부석처럼 굳어버린 그녀에게 코치는 "간발의 차야!"라며 밝게 웃었다. 그녀도 쑥스럽다는 듯 웃으며 긴장해서 굳어 있던 몸에서 힘을 뺄 수 있었다.

'발이 움직이지 않는다.' 도 '간발의 차야!' 도 똑같은 것에 대한 표현이다. 하지만 '간발의 차' 라는 말을 들으면 '내가 잘하고 있군.' 하고 생각하게 된다. 자신에게 싫은 일이 일어났을 때 스스로 '간발의 차야.' 하고 생각하면 상황을 다시 냉정하게 판단하고 해결책을 찾아낼 수 있을 것이다.

만약 스스로 이런 말을 되뇔 수 없다면 부정도 긍정으로 바꿀 수 있는 친구를 찾아보라. 자신은 깨닫지 못하더라도 관찰자의 입장이라면 긍정적인 부분을 발견할 수 있다. '나는 안 돼.' 라고 자책하기 전에 긍정적인 의미부여로 바꿔 보라.

Kiy point
| 생각하는 사람의 습관은 이것부터 다르다! |

사실은 하나지만 관점에 따라, 보는 사람에 따라 진실은 전혀 다른 의미를 가지게 된다.

소극적 경험

카운슬링 중에 '소극적'이라는 말을 듣는 경우가 있다. 예를 들어 "저는 적극적인 생활을 하려고 했지만 지금은 완전히 소극적인 성격입니다."라고 말한다. 이 경우 말하는 자신이 적극적인 생활을 하려고 하고 주변에서도 여러 가지 '적극적'이 되기 위한 조언을 해 주지만 마음대로 되지 않는다.

카운슬링이란 일은 소극적으로 보이는 것에서 자신이 모르고 있는 적극적인 힘을 카운슬러와 함께 이끌어내고자 하는 일이며, 더 나아가 그것을 경험으로써 정착시키는 일이라고 생각한다. 하지만 최근 많은 사람이 '적극적'이란 것에 너무 집착하고 서두르는 나머지 경험의 정착이 힘들어졌다고 생각한다.

그러던 중 우연히 염색가가 쓴 '일색일생(一色一生: 시무라〈志

村〉 후쿠미 저'이라는 책을 읽게 됐다. 그녀는 꽃과 풀 등의 자연에서 색을 추출해 실에 염색하고 그 실을 짜는 일을 하는 사람이다.

이 책에서 염색에 관한 흥미로운 관찰을 곳곳에서 발견할 수 있었는데 읽을수록 나는 자연의 식물에서 채취한 색이 어떻게 실에 정착되는지 흥미를 가지게 됐다.

식물을 달여서 얻은 색소에 실을 담그는 것만으로는 색이 정착되지 않는다. 예를 들어 더욱 아름다운 연홍빛 벚꽃 색깔을 얻기 위해서는 벚꽃나무 가지를 태워 잿물을 만들고 그 잿물에 실을 담그어야 한다. '자신의 재로 자신의 색깔을 만드는' 이 일을 매염(媒染)이라고 하는데 최대한 벚꽃에 가까운 색을 얻기 위해서는 벚꽃나무를 불 속에서 태우는 작업이 필요하다.

이 이야기를 읽고부터 마음속에서만 맴돌던 '소극적'이란 말을 어느 정도 정리할 수 있었다. 언뜻 무의미하고 마이너스로 보이는 '소극적 경험'이 매염 작업과 겹쳐 보이기 시작한 것이다.

가지를 **태워 재를** 얻는 작업은 염색 작업과 관계가 없는 것처럼 보이지만 실제로 이 잿물이 없다면 생생한 벚꽃의 색을 실에 정착시킬 수 없다. 그와 마찬가지로 소극적 경험을 매염으로 삼았을 때 진정한 의미의 적극적 힘이 우리의 가슴속에 정착되는 게 아닐까?

소극적 경험의 마이너스 면에만 집착하여 어떡해서든 적극적인 힘을 이끌어내려고 서두르지 말고, 소극적 경험의 고통과 허무를 피하지 말고 직시하여 매염으로 삼으면 가슴속에 내재돼 있던 적극적 경험 속에 정착하게 되지 않을까?

소극적 경험을 매염으로 삼는 것은 한편으로 타인과의 관계를 필요로 하며, 그 한 가지 방법으로 카운슬링을 이용해 준다면 고맙겠다.

| 생각하는 사람의 습관은 이것부터 다르다!

소극적 경험을 매염(媒染)으로 삼았을 때 진정한 의미의 적극적 힘이 우리의 가슴속에 정착된다.

카운슬러가 도움이 되려면

"카운슬러가 정말 도움이 돼?"라는 질문을 자주 받는다. 그중에서도 가장 귀에 거슬렸던 것은 가족에게 "당신은 남의 이야기를 들어주는 카운슬러라는 일을 하면서 가족이 곤경에 처해 당신에게 말을 걸면 들어주지 않아요. 카운슬러가 정말 도움이 되긴 해요?"라는 질문(비판에 가까운)이다. 분명히 가족의 이야기를 들을 때는 카운슬링 룸에서 클라이언트의 이야기를 들을 때처럼 진지하게 들어주지 못한다. 아무 도움도 안 된다는 말을 들어도 어쩔 수 없다고 생각한다. 어쩌면 내가 가족과 이야기를 할 때 문제의 당사자이기 때문에 대처하기 힘든 게 아닌가 싶다. 특히 나 자신이 문제의 불씨라고 가족이 생각하고 있는 경우에는 가족들 분노의 불똥이 튀고 있다는 느낌을 받게 된다. 그리고 가족의 말을 듣기는커녕 다른 방향으로 화제를 돌리기에 급급해진다. 하지만 그것은 불난 집에 기름을 붙는 결과를 초래하고 나에 대한 비판의 수위가 높아지는 결과로 이어지고 만다. 결국 불길이 나를 감싸고 나는 카운슬러라는 자신의 직업을 망각한 채 반격에 나서게 된다.

이렇게 되면 더 이상 문제의 본질과 상관없이 문제가 커지는 패턴이 만들어져 서로 무얼 하던 간에 부정적으로 받아들이는가 하면 불신이 눈덩이처럼 불어나게 된다.

이런 패턴이 한 번 시작되면 내가 카운슬러라는 게 전혀 도움이 되지 않는다. 계란으로 바위를 치는 격이랄까. 이렇게 됐을 때 문제의 해결보다는 이 패턴의 흐름을 바꾸는 것이 최우선이다. 회로의 흐름을 바꾸기 위해 가장 좋은 방법은 제삼자의 도움을 받는 것이다.

예를 들어 중립적인 친구에게 상담을 할 수도 있다. 중립적인 제삼자가 객관적인 입장에서 이야기를 듣는 것은 지금까지 닫혀 있던 악순환의 회로에 창문을 달아주는 역할을 한다. 그것은 공기를 순환시켜 열을 식히는 작용을 해 이전과 달리 서로 냉정하게 다른 관점에서 바라볼 수 있다.

이 제삼자로 적당한 사람이 없을 경우와 문제의 회로가 너무 복잡해 일반인으로는 이해하기 힘든 경우 카운슬러가 필요하다. 특히 제삼자가 끼어들어 일방적으로 한쪽의 편을 들게 된다면 열을 식히기는커녕 불난 집에 부채질을 하게 되니 주의할 필요가 있다.

멈춰 선 인생의 시간

"당신 인생의 시간은 지금 몇 시인가요?"

마음속으로 생각하는 나이는 실제 나이와 조금 다르다. 그런 점에서 착안해 그 사람이 자신의 인생에서 어디쯤 살고 있는지 알기 위해 이 질문을 만들어 보았다. 클라이언트들에게 이 질문을 해 보면 여러 가지 재미있는 대답이 돌아온다.

"이미 저녁에서 밤으로 접어들고 있어요." 하고 대답한 사람은 30세가 넘은 독신 직장 여성이었다.

"얼마 전에 신입사원 환영식이 있었어요. 그럴 때 젊은 여자들은 남자들의 눈길을 사로잡지만 제게는 전혀 관심이 없었어요. 상사도 젊은 여자와 독신 남자를 이어주려고 열심인 것 같아요. 그걸 보고 있으면 정말 화가 나요."

"저는 이미 결혼도 틀렸고 인생에 아무 재미도 없어요. 이젠 어떻게 되든 상관없어요. 이미 인생은 끝났어요."라며 한탄을 하기도 한다.

이 사람처럼 자신이 나설 곳과 역할, 혹은 존재 가치가 없어졌다고 느끼는 사람은 나이가 젊더라도 '저녁에서 밤'이라고 말한다.

역으로 시간을 멈추게 하려는 듯 필사적인 사람도 있다. 밤이 되면 불안해서 발작을 일으키다 거식증에 걸린 여중생이 있었다. 나는 그 이유를 알 수 없었다. 조심스럽게 물어보니 이런 대답이 들려왔다.

"밤이 되면 다시 아침이 와요. 또 하루가 지나가요. 시간이 흐르는 게 무서워요. 이대로 시간이 멈췄으면 좋겠어요."

그녀에게 있어 시계바늘이 지나가는 것은 어른이 되는 것, 성숙해지는 것을 의미하고 있었다. 그것이 너무 두려웠던 것이다. 그녀는 먹지 않음으로써 자신의 성장을 멈추게 하고 인생의 시간을 멈추고자 필사적이었던 것이다.

어느 40세가 넘은 공무원은 "오전 10십니다." 하고 대답했다. 이것은 고등학생이나 대학생과 같은 시간을 살고 있다는 것이 된다. 그는 사실 공무원을 그만두고 자신의 가게를 차리고 싶다는 생각을 하고 있었다. 그 사람도 이 때문에 인생의 시간이 멈춰 있다고 말할 수 있다.

이런 사람이 자신의 인생 시간에 걸맞게 살기 위해서는 자신이 정말로 하고 싶은 일, 자신의 인생에서 가장 중요한 일을 하기 위해 혼신의 힘으로 부딪힐 수밖에 없다.

"나는 내 계획을 접어두고 있었지만 이렇게 된 이상 전력투구할 생각입니다."

그는 그때 정말로 모든 열정을 쏟아 부어 자신의 가게를 차리기로 결심했다. 그 순간 멈춰 있던 시계바늘이 서서히, 그리고 착실하게 움직이기 시작했다.

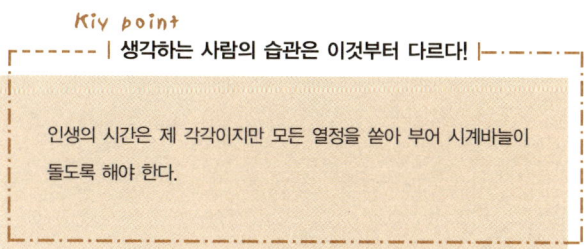

Kiy point
생각하는 사람의 습관은 이것부터 다르다!

인생의 시간은 제 각각이지만 모든 열정을 쏟아 부어 시계바늘이 돌도록 해야 한다.

빈틈이 없으면 무너진다

일개미를 관찰하다 보면 열심히 일하는 건 그중 약 2할 정도라고 한다. 나머지 8할은 주변을 어슬렁거릴 뿐이다. 괘씸해서 그 8할을 배제하고 소수정예 2할만 모아보니 또다시 2대 8의 비율로 열심히 일하는 개미와 일하지 않는 개미로 나뉜다. '아무것도 하지 않는' 8할의 개미로 집단을 꾸리면 굶어 죽을 것이라 생각했지만 역시 2대 8로 나뉘고 만다.

이유는 명확하지 않지만 뭔가 시사적이고 미소를 짓게 하는 생태학적 관찰이다. 아무래도 집단이란 건 바람직하지 않은, 혹은 틀에 벗어난 뭔가가 있는 것이 건전한 것 같다.

흔히 말하는 '좋은 것'이란 부작용과 중독증상이 심한 것이다. 성실이나 근면도 '쉬엄쉬엄' 하지 않으면 타이밍이 좋지 않을 때 아무 대책도 세울 수 없다는 것을 알아두는 게 좋다.

대부분 사람은 표면으로 드러내지는 않지만 순간적으로, 혹은 며칠 동안 마음속으로는 등교거부를 체험하고 있다고 생각한다. 겉으로 드러나지 않은 출근거부 정도는 일상다반사일 것이다.

대부분은 의식하지 못할 정도로 교묘하게 여유를 두고 그런 행위를 하고 있는 것이다.

하지만 '타이밍이 좋지 않을 때'는 '여유가 없어' 더욱 초조해하다가 '타이밍'을 놓치는 수도 있다.

자주 경험하는 일이지만 본인도 해결을 포기하고(어쩔 수 없는 일은 어쩔 수 없다고 '포기한다.'), 연관된 주변 사람들까지 포기하게 되면서 겨우 여유가 생겨 다시 움직일 수 있게 된다.

부끄러운 일이지만 카운슬러가 연관돼 있으면 카운슬러 자신이 두 손 두 발을 다 들게 됐을 때 살며시 움직이기 시작하는 것을 자주 경험한다.

1년 내내 등교거부를 한다거나, 항상 노이로세에 걸려 있는 사람이 있고 그 고통을 함께 하는 가족도 있다. 1시간이나 2시간 정도는 휴전을 하고 즐거운 시간을 보낼 수 있도록 노력하는 것이 좋아 보이지만 쉽지 않은 일이다.

'문제'를 접하는 방법이 좋지 않을 때는 끝없이 그 문제와 직면하다 결국 무기력 상태에 빠지게 된다. 그렇게 온종일 힘들어할 필요가 없으므로 '정신 휴양의 휴가'나 '정신 휴양의 연휴' 정도의 '여유'를 갖도록 노력해도 좋을 것이다.

Kiy point
생각하는 사람의 습관은 이것부터 다르다!

대부분 사람은 표면으로 드러내지는 않지만 순간적으로, 혹은 며칠 동안 마음속으로는 등교거부를 체험하고 있다.

택시 기사에게 배우다

택시를 자주 타지는 않지만 탈 때마다 택시 기사란 상당한 근성과 정력이 필요한 직업이라는 생각이 든다. 매일 수도 없이 많은 사람들과 만나고 그들을 안전하고 확실하게 목적지까지 데려다 주는 일을 반복적으로 하고 있으니 말이다. 하루에 여러 명의 클라이언트와 만난다는 점에서 카운슬링과도 닮았다. 이야기를 좋아하는 기사와 만나게 되면 나도 모르게 "고생이 많으십니다."라고 말한다.

나는 '나이트 온 플라넷'이라는 영화를 좋아한다. 옴니버스 형식의 이 영화는 LA에서 시작해 뉴욕, 파리, 로마, 헬싱키 등 세계 주요도시에서 택시 기사와 손님의 관계를 관찰하는 드라마가 동시에 진행된다. 순간의 만남과 이별 속에 각각의 인생이 교차하는 모습은 재밌기도 하고, 서글프기도 하면서 진한 감동을 남긴다. 이 영화를 보고 내가 왜 택시 기사에게 집착해 왔는지를 조금은 알 수 있을 것 같았다.

택시라는 밀실에서 기사와 손님의 만남은 우연이지만 확실하게 개성이 드러나 있고 각자의 살아온 역사가 교차한다. 그것은 묘한 느낌을 주기도 하고, 마음을 따뜻하게 해주기도 하며, 화가 나기도 한다. 하지만 그것 자체가 목적이 아니라 중요한 것은 어디까지나 안전하게 목적지에 도착하는 것이다. 서로 마음속에 미련과 감동을 남기면서 손님이 내린 순간부터 그것은 이미 과거에 지나지 않는다.

이것은 어딘지 카운슬링이라는 직업과 통하는 것처럼 보인다. 카운슬링은 한 번, 혹은 몇 차례에 걸쳐 진행되기도 하지만 우연히 만난 두 사람의 1회성 드라마의 반복과 안전하게 목적지에 도착(처음에 생각했던 목적지와 다른 경우도 있지만……)하고 이별하는 과정은 대단히 중요하며 택시 기사들도 이 과정에 대해 충분히 인식하고 있다.

영화 뉴욕 편에서는 몇 번이고 승차거부를 당한 흑인 청년이 독일에서 이민 온 지 얼마 안 돼 지리도 잘 모르고 운전도 서툰 초로의 기사가 모는 택시를 타게 돼 결국 브루클린까지 자신이 직접 운전을 해서 가게 된다.

미국 사회의 하류층인 그가 운전을 하면서 미국을 모르는 택시 기사에게 "잘 봐요. 여기가 브루클린이에요!"라고 자랑스럽게 말하고 내리면서 돌아가는 길을 가르쳐줘 택시 기사가 자신의 집으로 무사히 돌아가는 걸 봤을 때, 항상 카운슬러가 운전대를 잡고 있어야 할 필요가 있을까 하는 의문이 들었다. 그리고 어느 순간 카운슬러를 태운 채 스스로 핸들을 잡고 목적지를 찾아가는 손님에게 우리는 상당히 많은 여정을 배우고 있다는 생각이 든다.

중요한 것은 어디까지나 안전하게 목적지에 도착하는 것이다.

남겨진 가족에게도

　최근 호스피스가 여러 곳에 개설되면서 말기 환자의 간호 등으로 카운슬러가 죽음의 문제에 직접적으로 관여하는 일이 늘게 됐다. 내가 이 일에 대해 잘 모르고 있었을 때, 지금 생각해도 후회가 되는 경험이 있다.
　A씨 부부와는 두 사람이 결혼하기 전부터 알고 지냈다. 부인은 20대 중반으로 둘째 아이 출산 직후 건강상태가 좋지 않아 정밀 검사를 한 결과 악성 말기 암이라는 판정을 받았다. 암의 진행이 빠른 데다 격렬한 통증을 동반해서 엄청난 양의 진통제를 투여해, 의식이 없는 상태로 죽음을 맞이하게 되었다.
　여기서 가장 안타까웠던 것은 그녀의 부모가 딸의 죽음을 받아들이지 못하고 사위에게 "딸을 죽게 한 건 네 책임이야." 하고 추궁

하는 것이었다.

때문에 아내가 죽은 후 상식적으로는 그녀의 친정어머니가 아직 젊어 아이들을 돌봐 줄 만도 했지만 그런 부탁을 할 수 있는 상태가 아니었다. 남편은 두 살짜리 아들과 젖먹이를 돌보기 위해 하는 수 없이 도심의 철도용 터널을 뚫는 토목기술자라는 매력적인 일을 그만두고 자신의 부모님이 계시는 고향으로 돌아가, 시골 철도의 선로 보수라는 아주 하찮은 일을 하기 위해 전근을 갔다.

죽음은 당사자에게만 중대한 문제가 아니라 남겨진 가족에게도 중대한 문제이다. 이 상황에 카운슬러가 개입하게 된다면 좋은 결과를 이끌어낼 수 있을 것 같다고 여겨지는 점이 두 가지 있다.

한 가지는 부인 본인의 통증에 관한 문제로 이것은 자신의 죽음을 받아들이는 것과 직접적인 관계가 있다. 말기 암 환자의 통증 상당 부분은 죽음에 대한 공포에서 시작된다. 그래서 말기 환자 간호의 중심은 통증을 컨트롤하는 것이다. 하지만 이것은 목적이 아니라 환자가 마지막까지 마음을 연 상태로 주변으로부터 심적 지원을 받아들이게 하는 게 목적이다. 일반적으로 가족과 의료진과의 대화를 통해 죽음을 받아들이도록 인도할 수 있다. 물론 여기에 전문 카운슬러가 개입한다면 두말할 나위가 없을 것이다.

나머지 하나는 그녀의 부모가 딸의 죽음을 받아들이는 것으로, 이것도 당사자와 똑같으며 가족도 병과 죽음의 공포에 압도당해 아직 젊은 딸의 죽음을 받아들이지 못하고 사위에게 공격적으로 대하게 되는 안타까운 행동을 하게 되는 것이다. 그리고 서로 마음의 문을 닫아버리는 최악의 사태에 빠져버리고 말았다.

그 당시 나는 죽음에 대한 지식도 없었고 친구라는 입장에서 아무런 도움을 주지 못한 채, 함께 방황만 했다. 평소 카운슬러로서 좀 더 적극적인 행동을 하지 못했던 것에 대해 지금까지도 후회를 하고 있다.

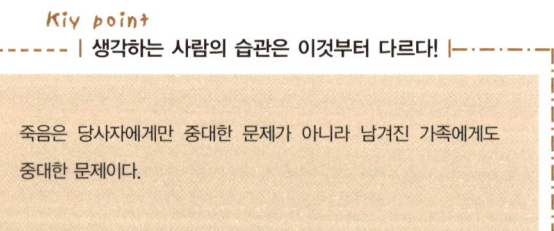

Kiy point
생각하는 사람의 습관은 이것부터 다르다!

죽음은 당사자에게만 중대한 문제가 아니라 남겨진 가족에게도 중대한 문제이다.

공간의 감촉

댄스 세라피라는 연수회에 참가해 보았다.

댄스로 마음의 상태를 개선한다는 것으로, 몸을 마음껏 움직이고 나면 기분이 좋아져 평소에 응어리진 것들을 발산할 수 있다는 것이다.

나도 내심 그렇게 생각하고 운동 삼아 참가해 보았다. 하지만 내용이 그렇게 단순한 것이 아니었다.

단순하게 음악에 맞춰 선생님의 몸동작을 따라 하는 것이 아니라 그냥 본인 마음 가는 대로 움직이는 것에서 시작한다.

걷기를 예를 들자.

사람들은 평소 걷는다는 동작에 대해 그다지 주목하지 않는다. 목적지에 가기 위한 수단으로 여기며 한 걸음 한 걸음 움직였을 뿐

어떤 움직임을 하고 있는지 전혀 신경 쓰지 않았다.

하지만 이런 곳에 오게 되면 묵묵히 자신의 걸음걸이 동작에 집중을 하게 된다. 그리고 자신의 몸이 얼마나 부자연스러운가에 대해 처음으로 깨닫게 된다.

우리는 평소 습관적인 동작에 꽤 속박당하고 있었다. 그것은 마음의 배려나 사람을 대하는 방법, 말하는 방법까지 사정은 똑같다. 자신도 모르는 사이 몸에 밴 습관에 구속당하고 있는 것이다.

여기서는 자유롭게 몸이 움직이는 것에 대해 집중한다. 그 결과 연수 첫날은 몸 여기저기가 쑤셔댔다.

하지만 그 부자연스러움을 제대로 느낌으로써 오히려 평소의 습관이 돼 버린 자신의 버릇이 확연히 드러난다. 타인의 동작을 흉내 낼 필요가 없다. 스스로 발견하는 것이다.

하나의 동작이 또다시 새로운 동작을 만들어 낸다. 그 속에 한동안 몸을 맡기면 전혀 예상하지 못했던 감정이 넘쳐흐르기도 한다.

어느 순간 세라피스트는 동작을 멈추게 한다.

참가자는 움직임을 멈추고 그 순간의 자세를 유지해야만 한다. 정지된 상태에서 한동안 심호흡을 하면 그때까지 동작의 여운이 몸속 깊숙이 퍼진다.

몇 번의 반복으로 어렴풋이 알게 된 것이지만 댄스 세라피의 효과는 몸을 충분히 움직임으로써 얻을 수 있는 해방감만이 아니다.

오히려 자신의 몸을 감싸고 있는 공간의 감촉을 직접 확인할 수 있다. 그것은 실로 불가사의하고 유쾌한 경험이었다.

Kiy point
| 생각하는 사람의 습관은 이것부터 다르다!

우리는 평소 습관적인 동작에 속방당하고 있다. 그것은 마음의 배려나 사람을 대하는 방법, 말하는 방법까지 사정은 똑같다.

화가 나는 이유

이미 사람들 대부분이 잊어버렸지만 억지로 목욕탕 청소를 시작한 남편이 "목욕탕 청소 좀 부탁해요." 하고 아내가 말을 하면 "지금 하려고 했는데……."라며 토라지는 TV 광고가 있었다. 누구나 싫어하는 일은 하고 싶지 않다. 그래도 하지 않으면 안 되는 일이라면 가능한 한 뒤로 미루려고 한다.

정도의 차는 있지만 누구나 다 해당될 거라고 생각한다. 너무너무 싫지만 겨우 하려고 마음먹고 '시작하자!'라고 생각한 바로 그 순간 "해라."라는 말을 듣게 된다. 이때의 기분은 말로 표현하기 힘들 정도이다. '대체 왜 이 순간에 그런 말을 해! 젠장!'이라는 기분일 것이다.

이것은 일상생활에서도 흔히 일어난다. 학교에서 돌아와 간식을 먹고 잠시 쉬다가 '숙제를 할까.'라고 생각한 바로 그 순간 마치 속을 꿰뚫어 보기라도 하듯이 "숙제 다 했니?" 하고 엄마가 말을 건다.

만나고 싶지 않은 상사의 결재가 꼭 필요하지만 그리 급하지 않은 업무를 처리하고 '할 수 없지, 가볼까.'라고 일어서는 바로 그 순간 "이보게, 그 서류 빨리 결재 받아와." 하고 말하는 상사, 피로에 지쳐 집에 돌아와 잠시 쉬고 '애 목욕을 시키자.'라고 마음먹은 바로 그 순간 "여보, 아기 목욕 좀 시켜줘요."라고 말하는 아내……. '이런 족속들은 전부 쥬라기 공원의 티라노사우루스가 다 잡아먹어 버려라!'라는 생각이 들게 된다. 대체 뭣 때문에 이렇게 화가 나는 것일까?

좀 더 심하게 표현하자면 "왜 잔소리를 하는 거야! 젠장! 하란다고 할 것 같아? 내가 하고 싶을 때 할 거야! 겨우 할 마음이 생겼었는데……."라는 말이 튀어나올 상황이다.

아무래도 화가 나는 이유가 바로 여기 있는 것 같다. '기선제압'을 당하면 자신에게 불리하게 된다. 주도권을 빼앗기기 때문이다. 싫은 일도 자신의 의지로 한다면 스스로 주도권을 가지고 행동할 수 있지만 상대의 말을 듣게 되면 타인에게 자신이 조정당하기 때문이다.

남의 말을 듣고 행동하는 것과 자신의 주인이 자신이 아니라는 것은 상당히 자존심이 상하는 일이다.

특히 그것이 자신이 잘하는 분야거나, 자신이 책임을 가지고 하지 않으면 안 되는 일이라면 더욱더 그렇다. 그리고 자존심이 상하면 누군가에게 화가 난다.

"말하지 않아도 그 정도는 알아!" 하고 말해주고 싶어진다. 그렇다. 알고 있지만 하고 싶지 않아진다. 본인도 알고 있고 노력하고 있다. 조용히 바라봐 주자. 바로 이것이 우리가 바라는 바이다.

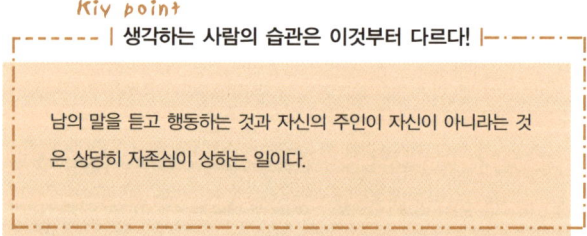

Kiy point
생각하는 사람의 습관은 이것부터 다르다!

남의 말을 듣고 행동하는 것과 자신의 주인이 자신이 아니라는 것은 상당히 자존심이 상하는 일이다.

안전과 자유

　사람들의 고민을 듣는 일을 직업으로 하다 보니 사람들은 무엇을 의지하며 살고 있는 걸까 하는 생각을 할 때가 있다. '사람이 최소한의 안정감, 혹은 안심을 하기 위해서는 어떤 조건이 필요할까'라고.

　어느 날 '그 정도 일이 이렇게 커져 버렸으니' 하며 사소한 고민과 걱정으로 혼란에 빠져 있는 클라이언트의 이야기를 듣다가 이 말이 내 마음속에 여운으로 남게 됐다.

　"자신의 세계를 확 축소시켜 버리면 안전은 하지만 자유롭지는 않아요. 저는 자유롭고 싶어요."

　그에게 있어 '안전'은 실은 그 무엇과도 바꿀 수 없는 가치를 지닌 것이다. 그는 인생의 반이 넘는 세월을 그 '안전'을 위해 허비했다.

하지만 여전히 마음의 평온함을 보장받지 못하고 그는 그 '안전'을 위협하는 모든 것에 대해 대비하지 않으면 안 된다. 실제로 그는 아주 '사소한' 일조차 존재 자체의 '안전'을 위협하는 것으로 느껴 혼돈 속에서 그 사소한 일이 괜찮을지, 어떻게 대처하는 것이 좋을지 주변 사람에게 조언을 구하고 다수의 의견을 따르는 형태로 문제를 해결하고 있었다.

하지만 그는 이 방법을 가장 싫어하기도 했다. 왜냐하면 그것은 본의 아니게 주변 사람을 '질리게' 해 그를 멀리하게 하는 사태를 초래하는 것은 물론 그가 추구하고 있는 '홀로 서기'의 태도와 거리가 있다고 느껴지기 때문이다. 아니, 그렇기 때문에 그는 그런 어정쩡한 사태가 발생하지 않도록 '안전'한 세계를 끝없이 추구하고 있다고 생각한다.

분명히 세상에는 정말 싫은 것도 있고, 무서운 것도, 피하고 싶은 것도 많이 있다. 그래도 많은 사람이 이런 자신의 세계를 틀에 가둔 채 살고 있지는 않다. 그 비결은 과연 어디에 있는 걸까?

그것은 말하자면 마음의 고통을 견디는 능력이 아닐까. 그리고 그렇게 할 수 있는 최소한의 자기 긍정이 아닐까 생각한다.

앞에서 말한 그도, 나와의 관계 속에서 실은 자신에게도 대상을 결정하는 힘이 있다는 걸 깨닫기 시작했다.

그리고 그와의 관계라는 것은 지시와 명령 이외에 좀 더 활짝 열려 있는 것이 있다는 것을. 그렇게 생각하자 그는 드디어, 물론 조심스럽기는 하지만 어느새 '자유롭게' 행동을 하고 있었다.

 나는 그가 오고 가는 것을 지켜보면서 '안전'이건 '자유'건 그렇게 클로즈업된 것에 포함돼 있는 힘의 중심에 있는 것, 말없이 조용한 것이야말로 진정한 안정감일지도 모르겠다는 생각을 하게 되었다.

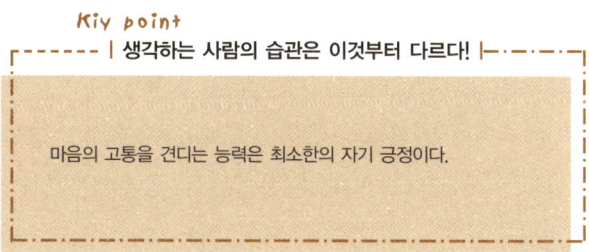

Key point
생각하는 사람의 습관은 이것부터 다르다!

마음의 고통을 견디는 능력은 최소한의 자기 긍정이다.

젊어서 고생은 골병만 든다

'젊어서 고생은 사서 한다.'라는 말은 옛날부터 젊은이들에게 자주 하던 설교 중의 하나이다. 그런데 최근 젊은 사람들 카운슬링을 하다 보면('고생은 어디서 사야 하나요?'라는 상담은 없지만) 이 말을 있는 그대로 받아들여 "역시 이런 고생은 지금 해두지 않으면 안 되겠죠?"라며 한숨 섞어 말하는 사람이 있다.

그럴 때는 "글쎄요."라고만 하지만 마음속은 복잡하다. 왜냐하면 이런 사람들의 배후에는 반드시 고생을 강요하는 사람의 그림자가 숨어 있기 때문이다. 다시 말해 그에게 '젊어서 고생'을 시키는 사람, 심한 경우는 강요하는 사람의 존재가 느껴지기 때문이다.

고생은 도망쳐도 끝까지 쫓아오고 보지 않으려 해도 눈앞에 날아든다. 차이고 싶어서 연애를 하는 사람은 없을 것이고 떨어지려고 시험을 보는 사람도 없다. 그래도 차이고 재수생이 된다. 불행과 고생 등은 굳이 일부러 나서서 떠안지 않아도 찾아오는 것이다.

인생을 몇십 년 먼저 산 선배들이 이런 당연한 것을 모를 리 없다.

그렇다면 '젊어 고생은……'이라는 이 말 뒤편에는 아무래도 음흉한 계략이 감춰져 있는 것처럼 느껴진다. 말하자면 "내가 시키는 이 고생은 젊은 네게 고마운 고생이니 마음속으로 감사하라." 나 "이런 고생을 해야 너도 어른이 될 수 있어."라는 식으로 말이다.

거짓말이라고 생각하는 사람은 '젊어서 고생'을 주장하는 인생 선배들의 말에 귀를 기울여 보라. 어딘가 자랑스럽게 여기고 있다는 느낌을 받을 수 있을 것이다.

"자아, 젊은이 여러분! 그런 억지 고생은 필요 없어요."라고 말해주자. 고생하지 않아도 어른이 될 수 있다. 고생을 알고 있는 배배 꼬인 어른이 될지, 고생을 모르는 운 좋은 어른이 될지를 선택하는 긴 여러분에게 맡기겠다.

또 한 가지, '떠안긴 고생' 외에 '떠안긴 자유'라는 것도 있다. 그것이 가장 현저하게 드러나는 것이 '절영지회(絶纓之會: 편안한 술자리)'의 자리이다. 그저 마음 편하게 마시고 싶은데 '절영지회'라는 말을 듣는 순간 젊은이들은 왠지 불편해진다.

절영지회에서는 사실 무례를 용서받을 수 있는 건 이 말을 한 본인밖에 없다. 그걸 깨닫지 못하고 '절영지회'를 선포하는 자신을 이해심 많은 상사라고 착각하고 있는 사람은 조심하는 것이 좋을 것이다. '요즘 노인네들은…….'이란 말을 듣게 되는 것도 그리 멀지 않을 테니까.

Kiy point
┌─────┤ 생각하는 사람의 습관은 이것부터 다르다! ├─────┐

젊어서 '고생'은 사서 하지 않아도 인생의 길목마다 매복되어 있어 도망쳐도 끝까지 쫓아오고 보지 않으려 해도 눈앞에 날아든다.

지금 고통스러운 것은

"죽고 싶다고 하는 사람일수록 죽지 않는다."는 말을 자주 듣는다. 카운슬링과 전혀 인연이 없는 친구와 우연히 카운슬링에 대한 이야기를 나누게 되었는데 이런 말을 하는 사람이 몇 명인가 있었다. 아마도 우리 인간은 '죽고 싶다.'는 말의 무게감을 견디기가 쉽지 않을 것이다. 따라서 이런 식으로 '죽음'을 피하려는 말을 하는 것이 아닌가 생각한다.

하지만 '죽고 싶다.'고 말하는 사람들 중에는 정말로 죽어버리는 사람도 있으며 그 수는 아마도 죽고 싶다는 말을 하지 않는 사람보다 압도적으로 많은 것 같다. 우리 카운슬러는 그런 사람들과 자주 만나게 된다. 그리고 클라이언트 자신의 고통, 괴로움만큼은 아니더라도 카운슬러도 고통스런 매일을 강요당하고 있다.

40세 여성 Q씨는 처음 상담에서 '죽고 싶다.'를 반복하던 사람이었다. 이야기를 들으면 들을수록 Q씨의 '죽고 싶다.'는 마음이 내게도 전해졌다. '이 사람은 정말 죽을지도 몰라.' 항상 이런 생각을 하게 되었으며 내게도 고통스런 상담이 이어졌다.

이 사람을 상담한 지 2년 정도 되었을 때의 일이다. Q씨는 생기 없는 표정으로 여전히 '죽고 싶다.'를 되풀이했다. 하지만 나는 이전과는 다른 생각과 감정이 들기 시작했다. 이 사람의 고통은 죽고 싶어서 고통스러운 걸까? 아니면 죽고 싶지만 죽지 못해서 고통스러운 걸까? 실력 없는 카운슬러라고 생각할지 모르지만 2년 정도 지나서야 겨우 그런 생각이 들기 시작했다.

-분명히 처음에는 '죽고 싶다.' 때문에 고통스러웠을 거야. 하지만 아무리 죽으려 해도 죽지 못했기 때문에 지금까지 시간을 낭비해 버린 거야. 그렇다면 지금 그녀는 '죽고 싶다.'는 입장에 서 있기 때문에 고통스러운 것이 아니라 '죽을 수 없다.'에서 시작하지 않으면 안 되는 걸까?

마라톤에 가는 길이 있고 돌아오는 길이 있는 것처럼 '죽고 싶다.'는 마음도 언제부턴가 '나는 죽지 못한다.'라는 반환점에 도착해 '살아간다.'라는 반환점을 돌아 골을 향하지 않으면 안 된다-.

오랜만의 상담에서 그녀에게 내 생각을 전했다. 이것은 엄청난 도박이었다. 왜냐하면 죽고 싶다고 하는 사람은 죽음으로써 자신은 편안해진다고 믿고 있으므로, '죽지 못한다.'라는 말은 '죽을 만큼' 힘들기 때문이다.

또한 어떤 의미에서 '죽지 못한다.'는 것은 '죽고 싶다.'보다 힘든 것일지도 모른다. 예상대로 클라이언트는 낙담한 표정을 지으며 크게 동요하기 시작했다. 그 뒤로 여러 우여곡절이 있었지만 '죽고 싶다.'고 호소하지 않게 됐고 반환점을 돌아 '죽지 못하는' 인생을 살기 시작했다.

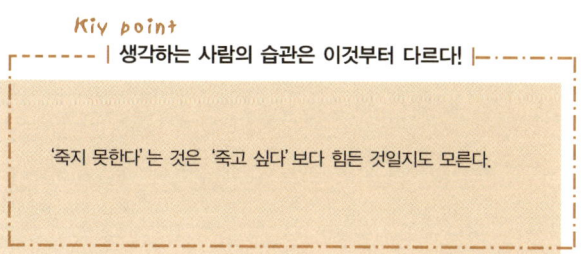

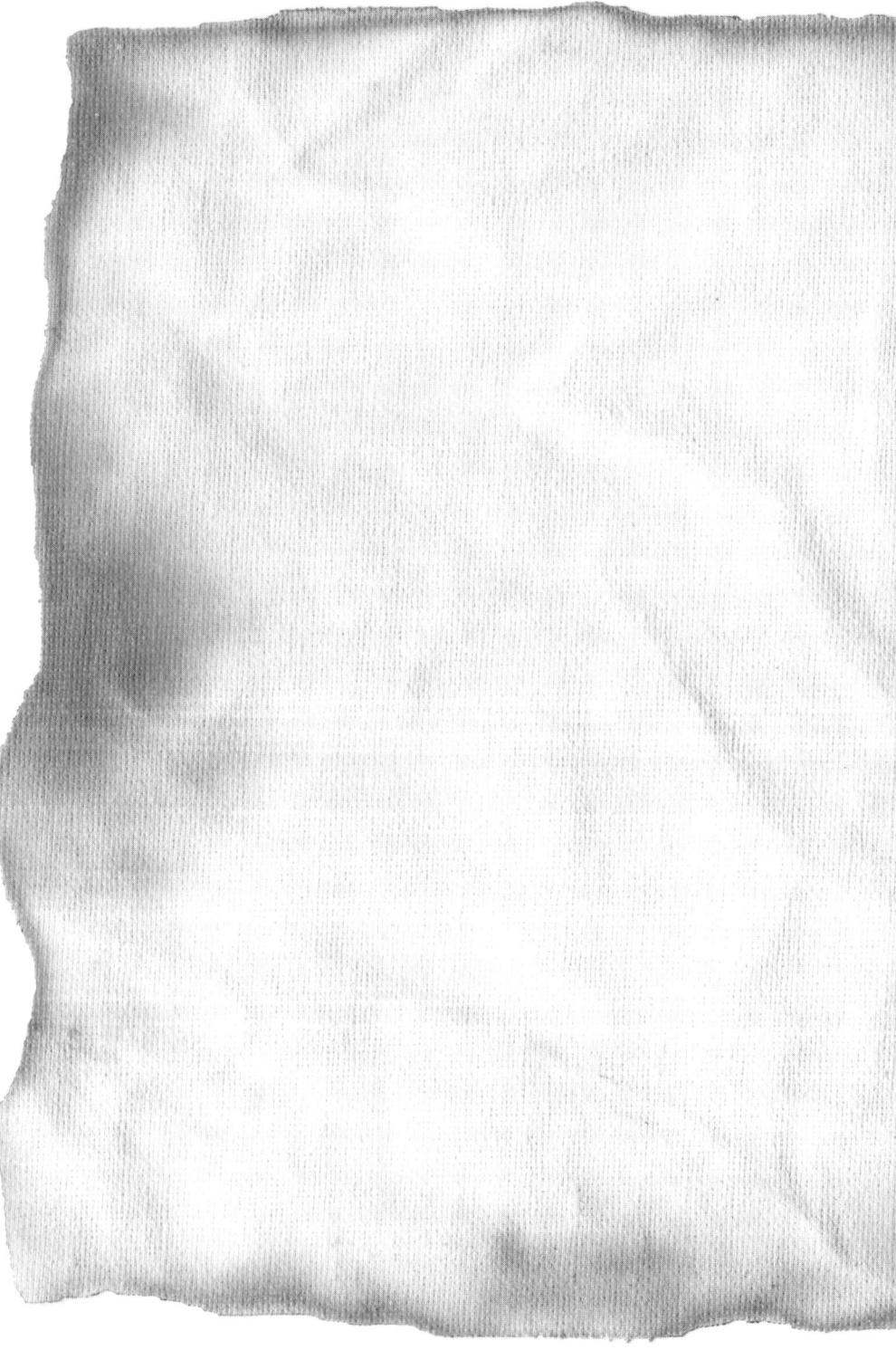

제3장

길을 잃은 나에게 묻다

요령 피우기

학창시절 들었던 발달 심리학 세미나에서 다음과 같은 일이 있었다.

어느 중년 상담원이, "저는 가정방문을 했을 때 슬쩍 가스레인지 등이 깨끗하게 청소돼 있는지 관찰합니다. 어머니가 아이에게 잘 대응하고 있는지 참고가 되기 때문입니다."라는 말에 교수는 상당히 강한 어조로, "집안일을 잘하는 것과 훌륭한 육아는 전혀 다릅니다."라고 했다.

상식적으로 집안일을 잘하는 사람은 육아도 훌륭히 해낼 거라 생각하기 쉽기 때문에 이 말은 의외로 마음에 와 닿았다.

하지만 실제로 카운슬러로서 어머니들 상담을 해보고, 또한 나 자신이 아이를 키우는 어머니 입장에서 교수가 말하는 의미를 잘 알 것 같았다.

아이에게 문제가 있어 찾아오는 어머니는 집안을 깔끔하게 정리 정돈하고, 식단도 주의를 기울이며 집안일을 완벽하게 하는 사람들이 많았다. 예를 들어 어머니 교실에 참가하고 있던 한 어머니는 청소는 아침저녁 두 번, 빨래는 시트와 목욕수건까지 매일 빨고, 반찬도 10가지 이상 준비하지 않으면 안 된다고 생각하고 있었다.

이렇게 매일 하다 보면 아기를 상대해 줄 여유가 없었을 것이다. 아이가 두 살이 됐을 때 어머니와 전혀 눈을 마주하지 않고 묵묵히 혼자 노는 아이가 돼 버렸다.

하지만 그 뒤 어머니가 집안일에 요령을 피우면서 조금이라도 더 아이와 함께하려고 노력하자 차츰 어머니와의 관계도 회복돼 아이도 다시 재롱을 부리게 되었다.

이런 예는 조금 극단적이지만 어쨌거나 아이가 어릴 때는 집안을 깨끗하게 정리하는 것이 거의 불가능에 가깝지 않을까? 아이들은 자유롭게 집중해서 놀기는커녕 항상 혼이 날까 봐 쭈뼛거릴지도 모른다.

한편 어머니도 항상 바쁘고 여유가 없어져 아이에게 짜증을 내는 일도 많아질 것이다.

집 안을 늘 깨끗하게 유지하고 싶은데 어질러 놓으면 화가 나는 게 당연하고, 식사준비를 열심히 했으니 남기지 않고 먹이려는 건 당연하다. 따라서 아이가 하는 일에 '할 수 없지.' 하며 느긋하게 대처하기 위해서는 어머니도 너무 열심히 하지 말고 적당히 요령을 피우는 게 필요하다.

인간의 능력에는 한계가 있으니 때로는 '집안일과 육아는 반비례'한다는 것을 머릿속 어딘가에 입력해 두는 게 좋겠다.

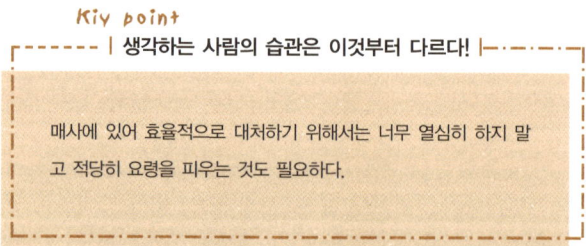

Kiy point
| 생각하는 사람의 습관은 이것부터 다르다! |

매사에 있어 효율적으로 대처하기 위해서는 너무 열심히 하지 말고 적당히 요령을 피우는 것도 필요하다.

아이의 마음

초등학교 1학년생이 어머니 손에 이끌려 정신과 카운슬링 외래 진료를 받으러 찾아왔다.

소아과 전문의의 진단서에 주된 증상이 구토라고 돼 있었다. 작은 소녀의 병력을 보니 놀랍게도 구토가 원인으로, 1년 중 3개월을 입원했다. 게다가 증상을 일으킨 건 학예회나 소풍 등 학교 행사 직전이었다. 어머니의 말을 들어 보니 평소 밝고 쾌활한 성격으로 학교 행사도 싫어하기는커녕 며칠 전부터 목을 빼고 기다릴 정도라고 했다.

"이번에 수영을 배우고 싶다고 해서 보내려고 하고 있어요. 아이가 가고 싶다고 했어요. 절대로 부모가 억지로 보내려고 한 게 아닌데……."

실제로 부모가 이것저것 시키는 게 아니라 아이 스스로 좋아하는 걸 시키는 듯했다.

아이에게는 초등학교 6학년과 4학년인 오빠가 둘 있었다. 그리고 어머니와의 상담에서 오빠들이 명문 유도 클럽에 들어간 것과 그로 인해 가족들이 일요일마다 응원을 가야 했으며 아이의 부모도 이 유도부에서 처음 만나 결혼에 골인했다는 얘기를 들었다.

아버지는 옛날에 소년 유도부 코치이기도 했다. 나는 아이의 담당 카운슬러로서 먼저 다음의 것들을 확인했다.

"저녁 식사 시간의 분위기에 대해 이야기 해주세요."

어머니는 담담하게 "항상 오빠들의 유도 훈련 시간이 저녁 식사 직후라 여유가 없고, 단란한 식사 시간이 아니라 그저 배만 채우는 시간입니다."라고 말했다. 나는 어머니께 이렇게 말해주었다.

"아이가 오빠처럼 되고 싶어 항상 열심인 것 같네요."

아이는 주변 분위기를 파악하는 데는 거의 천재적이다. 그리고 이 천재성이 안타깝게도 이 아이와 같이 가족의 분위기를 자기 나름대로 파악하고 과민반응을 한 결과, 본인의 용량을 초과해 버려 몸에서 위험신호를 보내는 걸 흔히 볼 수 있다.

아이를 위해 지나치게 열성적인 부모일수록 그에 비례해서 '지배'라는 느낌이 아이에게 전해지고 만다.

나는 이 아이의 부모에게 다음과 같이 조언해 주었다.

"아이의 마음은 부모라도, 아니 부모라 더더욱 몰랐던 겁니다. 부모 마음을 자식이 모르고, 아이의 마음을 부모가 모른다는 말이죠. 지금이라도 늦지 않았으니 아이가 정말 즐겁다고 느낄 수 있도록 가족들이 함께 공놀이라도 해보는 게 좋을 겁니다."

Key point
| 생각하는 사람의 습관은 이것부터 다르다!

아이를 위해 지나치게 열성적인 부모일수록 그에 비례해서 '지배'라는 느낌이 아이에게 전해지고 만다.

소년이 보여준 강한 의리

　자동차 강도를 반복하며 무면허 운전으로 몇 번인가 사고까지 낸 중학생을 상담하게 됐다. 교통사고는 본인뿐만이 아니라 타인의 생명까지 위협하는 중대 범죄이다. 상식적으로 생각해 보면 상담으로 끝낼 문제가 아니다. 하지만 이 소년의 경우 그냥 쉽게 처리할 수 없는 사정이 있었다.

　당시 소년은 산골 마을의 할머니 집에 누나와 함께 몸을 맡기고 있었다. 원래는 대도시의 큰 중학교에서 흔히 말하는 짱이었다고 한다. 그런데 아버지가 사기를 당해 엄청난 빚을 떠안고 견디지 못해 자살하고 말았다. 어머니는 몇 번이고 경찰서를 찾아갔지만 경찰소관이 아니라는 말만 들었다고 한다. 아버지가 돌아가신 후 남겨진 가족의 생활은 완전히 변해버렸다. 어머니는 두 아이를 위해 열심히 노력했다. 하지만 또다시 불행이 찾아왔다. 조금이라도 생활비를 더 벌기 위해 초조해하던 어머니가 조직 폭력단의 꾐에 빠져 사건에 휘말리면서 사망하게 됐다. 막 중학생이 됐던 소년은 고등학생인 누나와 함께 경찰서로 찾아가 어머니를 죽게 한 조직 폭력단을 처벌해 달라고 애원했다. 하지만 결론은 아버지 때와 마찬가지였다.

이때부터 소년은 엄청난 행동들을 서슴지 않고 저지르기 시작했다. "죽자고 덤벼드는 녀석을 상대할 수 있겠어요!"라며, 흔히 말하는, 논다는 고등학생조차 피할 정도라고 했다.

그러는 사이 어느 순간부터 밖에 나가면 반드시 차를 훔치거나 교통사고를 냈다. 큰 부상을 당했을 때도 "전혀 무섭지 않아."라고 하여 경찰조차 곤혹스러워했다. 관계자와 본인의 상담 결과 시설에 들어가기로 결정했다. 입소를 며칠 앞두고 아동상담소의 일시 보호소에서 선생님이 소년을 데리러 왔다.

도망치지 않을까 걱정했지만 무사히 며칠을 보냈다. 하지만 보호소 입소 전날 밤에 소년이 사라졌다. 숙직하던 직원이 당황해서 내게 연락을 해왔다. 우리는 모두 한 가지 일만 걱정했다. 자동차 도난 사고였다. 언제 소식이 날아올지 몰라 걱정으로 밤을 새우며 기다렸다.

다음 날 아침, 학교에서 전화가 걸려 왔다. 소년이 등교를 했다는 것이다. 본인에게 직접 이야기를 들어봤다.

"할머니 건강이 안 좋아 시설에 못 들어가요."라고 하는 것이다. 그리고 어젯밤 일에 대해 물어보니 "역까지 걸어가서 마지막 전철을 탔어요. 하지만 중간까지밖에 갈 수 없어서 그 역 벤치에서 신문을 깔고 잤어요. 그런 다음 아침 첫차로 돌아갔어요."라고 대답했다.

이 이야기를 들은 우리는 안심했고 가슴이 뜨거워졌다. 소년은 이번에는 차를 훔쳐 탈 생각을 하지 않았다. 우리에게 돌아올 책임을 생각했을지도 모른다. 이런 강한 의리가 소년을 지켜줄지도 모르겠다는 생각이 들었다.

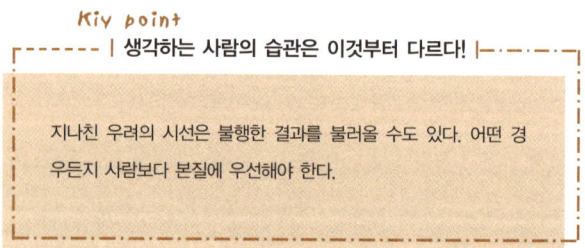

Kiy point
생각하는 사람의 습관은 이것부터 다르다!

지나친 우려의 시선은 불행한 결과를 불러올 수도 있다. 어떤 경우든지 사람보다 본질에 우선해야 한다.

아버지의 위엄

이사를 해서 좀 더 넓은 집에 살게 됐다. 지금까지와 달리 자유롭게 애완동물을 키울 수 있게 되자 둘째 딸이 개를 키우자고 조르기 시작했다. 이야기를 들어보니 친구 집 개가 새끼를 낳았는데 그 중 한 마리를 가져가라고 한 것 같았다. 나는 내키지 않았다. 실은 지금까지 금붕어와 장수풍뎅이 등을 키운 적이 있었지만 아이들이란 그때뿐이라 결국 내가 돌보지 않으면 안 되었다.

하지만 둘째 딸이 그렇게까지 열심히 조르는데 단숨에 거절할 수도 없었다. 고민 끝에 흔하게 팔지도, 기르지도 않는 종류의 개라면 거절할 수 있는 핑계가 될 거라 생각했다. 그래서 산책 중에 봤던 크고 흰 개를 떠올리며 "산책 중에 봤던 그런 류의 크고 흰 개라면 괜찮아. 다른 건 안 돼." 하고 못을 박았다. 그런데 놀랍게도 "친구네 개가 바로 그런 개예요."라는 대답이 돌아왔다. 결국 딸이 원하던 대로 생후 1개월 된 커다란 곰 인형 같은 강아지가 우리 집에 들어오게 됐다.

이 그레이트 피레네스 강아지가 집에 들어오고 나서 일 핑계로 귀가가 늦었던 나도 점점 귀가가 빨라지게 됐다. 봉제인형 같은 강아지와 함께 나의 변화에 대해서도 가족은 관심을 갖고 보고 있었던 것 같다.

강아지를 키우게 되면서 가족관계가 좋아지는 일은 심리요법을 전문으로 하는 우리들 사이에서도 익히 알려진 사실이다. 그것은 개를 매개로 삼아 가족의 소중함을 확인할 수 있기 때문이라는 좀 주관적인 이론이기는 하지만, 때로는 사이가 벌어진 가족에게 개를 키워볼 것을 권한 적도 있었다.

우리 집 강아지의 성장은 매우 빨라 1개월에 6kg씩 늘어나면서 반년이 지나자 40kg을 훌쩍 넘어버렸다. 개가 커지자 남자인 나밖에 하지 못하는 일이 늘어났다. 아침저녁 산책 때 잠시 다른 생각을 하다가는 이리저리 끌려다닐 정도였다. 또한 개가 반항적인 태도를 보일 때 그 큰 덩치에 압도당하지 않고 버릇을 고치지 않으면 안 된다. 따라서 이런 대부분 일을 나밖에 할 사람이 없고 나밖에 할 수 없는 일은 아버지밖에 할 수 없는 일로 여겨지게 됐다.

"역시 아빠야!"

거대한 개를 끌고 가는 나를 보고 어딘지 모르게 존경의 눈길을 보내고 있다는 느낌을 받는 게 단순히 내 착각만은 아니었다.

작년까지 회사나 가족에게 있어 나의 존재는 아버지로서 가장의 입장이 희박해져 있었던 것 같다. 항상 피곤에 지쳐 있는 아버지를 봐왔기 때문일지도 모른다. 마찬가지로 열심히 일하고 있는 아버지의 모습을 가족이 볼 수 있는 기회가 그리 많지 않기 때문일 것이다.

이런 이유에서 아버지의 위엄을 다시 찾아준 우리 개에게 감사를 하면서 오늘도 거의 끌려가듯이 산책에 나서고 있다.

Kiy point

| 생각하는 사람의 습관은 이것부터 다르다! |

무언가 하나의 구심점이 되어줄 때 활기가 생기고 서로에 대해 더 이해하는 마음을 가질 수 있다. 강아지를 키우게 되면서 가족관계가 좋아지는 일은 익히 알려진 사실이다.

새끼오리 백조가 되다

며칠 전 어머니 한 분이 이런 편지를 보내왔다. 그분은 1년 전에 카운슬링으로 만난 적이 있던 분이었다.

"T가 벌써 스무 살로, 덕분에 형제들 중에 가장 마음이 넓은 사내로 성장했습니다. 재치 없고 둔한 건 여전하지만 견습 요리사 일에 열심히 매진하는 모습을 보고 있으면 감개무량해집니다. 첫 보너스를 탔다고 제게 블라우스를 선물해주었습니다. 가격표가 달린 채, 슈퍼 봉투에 넣어 살짝 던지듯 건네주었습니다. 이런 점이 T의 장점이라는 걸 깨닫기까지 얼마나 많은 시간이 걸렸는지 생각하다 문득 이것저것 옛날 일을 떠올리기 시작했습니다. T는 어릴 적부터 정말 마음이 착한 아이였습니다. 네 명의 형제가 달리기 시합을 할 때도 동생의 손을 잡고 달리거나, 동생이 쫓아올 때까지 기다려 주고……. 하지만 저는 그런 모습을 보며 항상 초조하고 불만스럽게 바라보고 있었습니다. 형이나 누나는 욕심이 많아 경주를 하게 되면 전력질주를 하고, 어릴 적부터 말도 잘해 '이 아이들은 마음이 놓여, 경쟁 사회에서 살아남을 거야.' 라고 항상 믿음직스럽고 자랑스럽게 여겼습니다. 그에 반해 T는 말도 늦고 커서까지 침을 흘려 '이 아이는 경쟁 사회에서 뒤처지고 말 거야.' 라는 생각이 점점 커져 이 아이의 일거수일투족이 다 부정적으로 느껴졌습니다. 그럼에도 움츠리지 않고 내게 투정을 부리는 모습을 볼 때는 '너무 어린애 같아.' 하며 더욱 거부감을 느끼게 됐습니다.

결국 지금에 와서 깨닫게 된 건 당시 T를 그렇게밖에 바라보지 못한 건 내 자신의 나약함 때문인지 모르겠지만 있는 그대로의 자신을 받아들이지 못했기 때문이겠죠.

나는 어릴 적부터 몰락한 집안을 일으키라는 말을 끝없이 들어왔습니다. 남보다 앞서고, 경쟁에서 이기라는 것이 부모의 지상명령(至上命令)이었고, 남편도 남들이 보기에 빠지지 않는 엘리트였기 때문입니다. 결혼해서도 자신의 전문직을 포기하고 싶지 않았고, 일과 가정 둘 다 사람들의 선망의 대상이 되지 않으면 안 된다는 생각에 끝없이 신경을 곤두세우며 살아왔습니다. 따라서 그런 제게 T는 너무 답답한 존재였습니다. 제 무리한 노력을 쉽게 꺾어 버리는 T의 온화하고 여유로움이…….″

편지는 계속 이어졌지만 마지막에 "T는 미운 오리새끼일지 모르겠습니다. 하지만 제게는 그 무엇보다 소중한 병아리입니다. 저를 가장 잘 이해해주는 가장 가까운 존재입니다."라고 끝을 맺었다.

나는 답장에 "오리 모자에 축배를, 미운 오리새끼가 백조가 된다는 게 사실이군요. 어머니도 T군도." 하고 적었다.

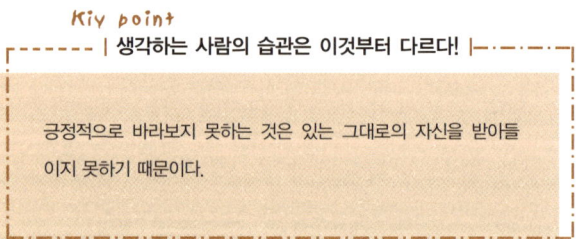

긍정적으로 바라보지 못하는 것은 있는 그대로의 자신을 받아들이지 못하기 때문이다.

체면이 밥 먹여 주나

카운슬링을 하다 보면 '체면이 신경 쓰인다.'라는 말과 자주 부딪히게 된다. 학교에 가지 않으려는 아이로 인해 집 안에서는 밤낮없이 말다툼이 끊이지 않고, 큰 소리가 밖으로 새어나가 이웃과도 얼굴 마주하는 것이 창피스럽다는 등 체면에 대한 이야기를 많이 한다. 사람들과 살아가는 한 피하기 힘든 일이지만 이 '신경 쓰이는 체면'으로 인해 필요 이상으로 마음을 쓰는 경우가 자주 있다.

내게 가끔 상담을 하는 사람 중에 40대 후반의 주부로, 외동딸이 등교거부를 해서 곤란을 겪고 있다. 딸은 중학교 때 따돌림을 당해 학교에 가기가 힘들어졌고 가벼운 신체 이상으로 고민하고 있었다. 하지만 친구나 담임선생님의 도움으로 간신히 의무교육을 마치고 고등학교에 추천입학을 했지만 고등학교 2학년을 마치자 더 이상 버티지 못하고 등교거부를 하게 됐다. 이런 이유에서 어머님이 오랜만에 상담을 하러 왔다. 이야기를 들어보니 이번에는 딸도 분명하게 학교를 그만두겠다고 하고, 학교 자체에 매력을 못 느끼는 것 같아 이전과 달리 학교에 가야 한다는 생각이 전혀 없는 것 같았다.

"아무래도 학교에 가야겠다는 생각 자체가 없는 것 같아요."라며 어머니도 이미 그걸 깨달은 것 같았다. 꼭 학교를 보내야겠다고 생각하고 있지 않은 것이 분명했다. 이야기 도중 눈물로 하루하루를 보내며 고통스러워했다는 것을 느낄 수 있었다. "뭐가 제일 힘드신가요?" 하고 묻자 "체면입니다."라고 대답했다. 친척들과 형제들 앞, 이웃들의 눈이 신경 쓰여 외출하는 것조차 싫다고 했다.

아이가 학교를 가지 않아 곤혹스러운 것은 가족 대부분이 이 체면 때문이라고 한다. 개중에는 주변에서 장을 보지 않는 사람도 있다. 나는 이 어머니와 체면에 대해 이야기를 나누기로 했다. "이웃의 어떤 점이 신경 쓰이나요?" 하고 묻자, 어려운 질문이었는지 제대로 답변을 하지 못했다. 결국 자신의 가정교육이 비판을 당하는 것처럼 느껴진다는 것이었다.

"우리는 남의 집 아이가 등교거부를 할 때 어머니의 가정교육을 비판하거나 책망하고 있나요? 사람들에게 그런 여유가 없습니다. 모두 자신의 일과 가족의 일로 정신이 없어 남에 일에 신경 쓸 틈이 없습니다. 그저 '그랬구나, 그런 것 같아.' 정도고 '그렇게 되지 않게 너도 조심해라.'로 끝이 납니다."

상담 중에 이야기를 이쪽으로 끌고 가자 어머니의 눈에서 눈물도 멈추고 조금 편안해진 것 같았다. 우리는 모두 자신의 일로 정신이 없다. 남이나 세상 돌아가는 것까지 걱정할 틈이 없는 것이다. 마찬가지로 체면을 차릴 틈조차 없이 산다는 게 맞을 것 같다.

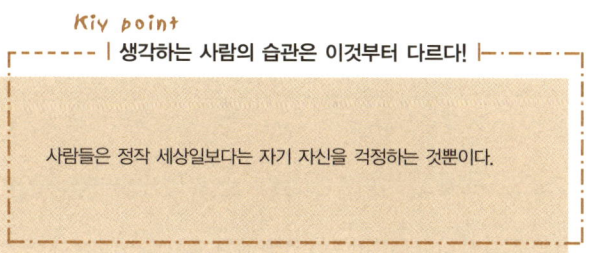

Key point
생각하는 사람의 습관은 이것부터 다르다!

사람들은 정작 세상일보다는 자기 자신을 걱정하는 것뿐이다.

사망 뉴스 다음인데

어느 주말 전철을 탔을 때 주중과는 달리 많은 가족 나들이객들이 여유롭게 수다를 떨면서 앉거나 혹은 서 있었다. 어떤 자매는 퀴즈 게임을 하고, 어떤 형제는 컴퓨터 게임 공략 책을 보면서 이러쿵저러쿵하고 있었다. 그러다가 두 소년의 '격론'이 심해지면서 시끄러워지자 아이들 엄마가 "조용히 해. 지금 컴퓨터 게임 이야기나 할 때가 아냐! 산에서 사람들이 죽어 떠들썩한데 너희들은 그렇게 태평스러워서 참 좋겠다."라고 혼을 냈다.

"알았어요. 조용히 할게요."라고 대답할 줄 알았는데 초등학교 저학년으로 보이는 동생이 바로 "뭐! 하지만 어제 뉴스는 이상했어."라고 대답했다. 엄마가 "뭐가?"라고 묻자 "사람들이 죽은 뉴스가 끝나자마자 왜 곧장 그렇게 밝고 신나는 음악을 틀어?" 하고 대답했다. 엄마가 "그건 뉴스가 끝나면 틀어주는 테마곡이야."라고 말해주었지만 끝나지 않았다.

"그래도 정말 이상해. 절대 용서할 수 없어. 슬픈 일인데 좀 더 비장한 음악을 틀어야지." 하는 것이었다.

엄마는 컴퓨터 게임 이야기를 하고 있던 아들이 생각지도 못한 질문을 퍼붓자 어떻게 대답해야 할지 곤혹스러워했다. 이 사내아이가 "정말 이상해!"라고 박력 있게 말하자 옆에 있던 자매의 가족도 대체 무슨 일인지 궁금해 남자아이를 쳐다봤다.

나는 우연히 그 가족이 앉아 있던 앞 손잡이를 잡고 있다가 '비장'이라는 어려운 말을 쓰는 데 깜짝 놀랐지만 고개를 끄덕일 정도로 '이상해.'라고 생각하기 시작했다. 분명 좀 전까지 슬픔에 잠겨 눈물을 머금고 이야기하던 앵커가 다음 뉴스를 읽어 내려간 다음 곧장 하하하 웃는 광고로 이어지는 게 의외로 많다. 그것을 이상하게 생각하고 앵커의 연기가 지나치다거나, 너무 냉정한 표정을 짓고 있다고 방송국에 항의하는 사람도 있는 것 같다.

평소 그런 이야기를 듣는 앵커도 고생이 많군, 이렇게 매일 슬픈 사건들이 끝없이 일어나고 있는 상황에서 어떻게 정보를 전달해야 하는 걸까라는 생각을 했었지만, 매일 어른들이 정신없이 일하고 있는 동안 아이들은 여러 가지 것들을 천천히 전신으로 받아들이고 있다는 것을 다시 한 번 깨닫게 해주었다. 아이들은 짤막하게 줄줄이

수많은 장면들이 바뀌는 데 익숙하다는 걸 말이다.

그렇다. 천수를 누리고 돌아가신 분의 장례식이 차분하게 이루어지는 경우도 있을 것이고, 비장한 일이 있더라도 '그럼에도 불구하고' 살아가야 하는 경우도 있을 것이다. 그렇지만 슬픔은 슬픔으로써 좀 더 천천히 느낄 수 있는 '시간'이 필요하지 않을까 싶다.

Kiy point
┌────── | 생각하는 사람의 습관은 이것부터 다르다! |──────┐

'아이는 어른의 아버지'라는 말이 있다. 경건한 아이들의 눈에 비치는 세계는 바로 모순투성이 어른들의 세계이다.

└──────────────────────────────────────┘

서투른 애정보다 현금

'용돈 충전법'이란 등교거부 상태를 차의 배터리에 비유한 것으로 가족들이 에너지 충전에 적극적으로 나서는 것을 말한다. 자녀의 등교거부를 둘러싸고 자주 부모-자식 간에 불화가 일어난다. 이 불화를 개선하고 가족 간에 의욕과 희망을 줄 수 있는 방법이 '용돈 충전법'으로, 부모님께 다음과 같이 말해준다.

"아이들은 외부와의 접촉을 피함으로써 조금이나마 에너지 소모를 줄이고 충전을 하려고 합니다. 하지만 믿었던 부모마저 이해해주지 않고 어느 순간 가해자가 돼 문제를 복잡하게 만드는 경우가 있습니다. 아이를 단순히 가정에서 지켜주는 것이 아니라 원래의 충분한 충전상태로 되돌려주기 위해 적극적인 도움이 필요합니다. 그러기 위해서는 일상생활 속에서 방전이 되는 요소인 갈등을 줄이고

'편안한 마음'을 갖도록 격려와 즐거움을 전해줘야 합니다."

"어머니는 뒹굴뒹굴 거리는 아이를 웃는 얼굴로 돌봐주고, 아버지는 아이가 깜짝 놀랄 만큼 많은 용돈을 주십시오. 만약 당장 아이에게 몇백 만 원이 들어간다고 쳐도 아이가 인생의 제자리를 찾을 수만 있다면 아까울 게 없습니다. 하지만 용돈을 등교시키는 수단으로는 절대 사용하지 마십시오."

등교거부를 하는 아이는 용돈이 적었거나, 저금만 하는 등 친구들과 낭비해 본 경험이 별로 없는 경우가 많다. 그런 아이들은 사람들과 사귀는 데도 서툴다. 또한 학교에 가지 않음으로써 용돈이 더욱 줄어들어 집 안에 숨어버리게 되는 것이다. 따라서 등교거부를 사회문제로 받아들이고 돈을 가지고 여기저기 돌아다니게 해 사회화를 촉진시켜 친구들과 즐겁게 지내도록 해주는 것이다.

특히 고등학생이 돼 아이의 자립심이 높아져 있을 경우에는 부모 마음대로 조정하기는 힘들다. 복잡한 마음의 교류와 임기응변에 빠져 끝없이 인생을 낭비하는 경우가 많다. 그보다는 아이의 자유로운 활동과 사회적 경험을 넓힐 기회를 위해 조건이 없는 자금을 제공하는 편히 훨씬 현실적이고 효과적이며 아이의 발달 정도에 걸맞다고 생각한다.

아이들에게도 인생에서 고통의 시기가 있다. 그러한 때 부모로부터의 금전적 격려는 아이에게 있어 하늘에서 내려온 굵은 동아줄

과도 같다. 그리고 큰 금액과 자유롭게 쓸 수 있다는 점에서 모든 불신감과 왜곡된 시선이 사라지게 된다.

아이가 기뻐하는 모습을 보면 부모 자신도 걱정과 정신적 고통에서 해방되며 아이가 애정을 받아들여 주고 있다는 느낌을 받을 수 있게 된다. 그렇게 되면 부모-자식 간에 자립을 향한 여로에 있는 사춘기를 보내는 방법을 발견할 수 있을지도 모른다. 절대 현금의 효과를 무시해서는 안 된다.

> **Kiy point**
> **생각하는 사람의 습관은 이것부터 다르다!**
>
> 아이의 자유로운 활동과 사회적 경험을 넓힐 기회를 위해 조건이 없는 자금을 제공하는 것도 효과적이다.

자녀교육의 목표

중학교 등교거부 학생들을 위한 모임의 고문을 맡고 있어 가끔 학부모들의 강연 의뢰를 받는다. 하지만 이 또래 아이들을 다루는 건 정말 힘이 들며 솔직히 전문분야도 아니다. 단지 대학생 정도의 젊은이들에 대해서는 질릴 정도로 봐왔기 때문에 대부분 그 경험을 중심으로 이야기를 풀어나간다. 지금은 중학생이지만 결국 대학생이 될 것이고 조금이나마 참고가 될 것이라는 당부를 덧붙인다.

대학생 정도의 나이가 되면 어른이 돼서 지금 겪고 있는 어려움이 사라질 것이라고 생각하는 사람이 많은 것 같은데, 내 눈에는 매우 어리석은 생각으로 비춰진다.

꽤 오래전 일이다. 부모가 '아아.' 하고 말해주지 않으면 약을 먹지 않는 학생이 있었다. 이걸 보고 나는 깜짝 놀랐다.

세세한 내용까지 말하기는 곤란하지만 부모가 이 학생에게 그렇게까지 하지 않으면 안 되는 사정이 있었다. 비슷한 경우는 이 밖에도 아주 많다.

아들을 차버린 여자를 찾아가는 어머니, 자식의 리포트를 도와주거나 대신 써주는 부모, 고급 차를 사주거나 과도한 용돈을 주어 아들을 바보로 만드는 부모, 딸과 함께 목욕하는 아버지 등, 그리고 자식들도 그게 당연하다고 여긴다. 거기에는 그럴만한 사정이 있다는 것도 틀림없다.

하지만 그게 무슨 이유든 간에 자식이 스스로의 힘으로 헤쳐 나가는 것을 방해하고 있다고밖에 생각할 수 없는 부모들을 보고 있자면 정말 이대로 괜찮은 걸까 하는 생각을 하지 않을 수 없다.

그래서 나는 자주 이런 말을 하곤 한다.

"여러분, 자식들이 스무 살, 아니 서른 살이 돼서도 그렇게 하실 겁니까?"

이야기를 듣고 있던 어머니들은 일제히 고개를 좌우로 흔든다.

"그래요? 아쉽네요. 저는 어머님들이 자식들을 죽을 때까지 돌봐주고 싶다고 생각하신다면 그것도 괜찮다고 생각합니다. 가족의 모습도 집집마다 다르니까요. 하지만 여러분은 그러고 싶지 않으신 것 같네요."

(여기서 물을 한 잔 마시고.)

"그렇다면 이야기는 간단합니다. 다시 말해 여러분이 곁에 없어도 살아갈 수 있는 사람으로 키워야 합니다. 그것이 자녀 교육의 목표입니다. 그러기 위해 무엇이 필요한지를 생각해 보면 그만입니다……. 다음 생략."

"선생님 말씀을 듣고 안심했습니다."

이런 이야기들이 여기저기서 터져 나왔다. 어렵게 생각하면 어렵지만 간단하게 생각하면 결국 원점으로 돌아가는 것이다.

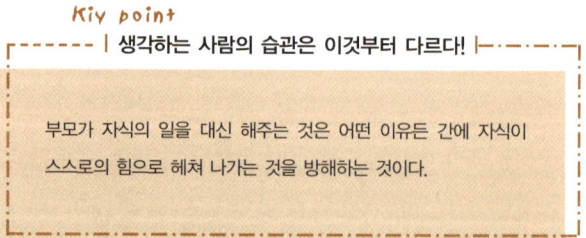

Key point
생각하는 사람의 습관은 이것부터 다르다!

부모가 자식의 일을 대신 해주는 것은 어떤 이유든 간에 자식이 스스로의 힘으로 헤쳐 나가는 것을 방해하는 것이다.

반항하는 아이는 잘 큰다

보건소에서 3세 아동의 검진 때 육아상담을 담당하고 있었는데 젊은 어머니들이 이것저것 걱정 보따리를 풀어놨다. 그중에는 전문기관을 통해 본격적인 치료가 필요한 경우도 있지만 대부분 가벼운 조언만으로도 해결 가능한 것들이 많았다.

여기서도 핵가족화, 사람과 사람의 커뮤니티 부족 등의 문제를 들여다볼 수 있었다. 누구에게도 상담하지 못하고 홀로 불안함 속에 아이를 키우는 젊은 어머니의 모습이 떠오른다.

육아상담 중의 대부분은 '수면 중 소변'과 '손가락 빨기' 등으로 '말을 안 들어 걱정이다, 반항적이다.'와 같은 내용이 상당히 많았다. 이 경우 3세 전후에 나타나는 1차 반항기에 대해 설명해주고 성장에 꼭 필요한 현상이라고 하자 어머니들은 안심하는 표정을 짓는다. 오히려 걱정스러운 건 반항하지 않고, 말썽도 부리지 않는 '착한 아이' 지만 이런 부모들은 접수처에서 아이의 자랑은 하지만 절대 상담을 하러 오지는 않는다.

등교거부나 가정 내 폭력을 겪고 있는 사춘기 아이의 일로 상담을 원하는 어머니의 이야기를 들으면 3세경의 반항이 심하지 않거나 전혀 없던 아이들이 많다는 것을 깨달을 수 있다.

따라서 이 시기의 반항현상은 자아발달에 있어 매우 중요하다고 할 수 있다. 말을 전혀 듣지 않고 제멋대로 굴어 어머니에게는 '나쁜 아이' 로 비춰지기 십상이지만 아이들은 이런 행동을 통해 주체성을 찾아가는 것이다.

학교 선생님들과 대화를 나눌 기회가 자주 있는데 지금까지 선생님들의 관심은 비행을 저지르는 아이들의 지도였다. 하지만 최근에는 그것이 조금씩 변하기 시작했다.

등교거부를 하는 학생이 늘어남에 따라 이런 말썽은 부리지 않지만 주체성이 없는 아이들의 지도를 어떡하면 좋은지에 대해 관심이 바뀌고 있다.

이것은 카운슬링을 열심히 배우는 선생님이 많이 늘고 있다는 것을 보더라도 잘 알 수 있다.

가정에서나 학교에서나 너무 '착한 아이' 는 생각해볼 필요가 있다. 오히려 '반항하는 아이가 잘 큰다.' 라고 하는 것이 좋을 것 같다.

물론 이 경우의 반항이란 폭력과 교칙 위반, 비행 등을 저지르는 것이 아니라 확실하게 자기주장을 한다는 걸 말하는 것이다.

> **Key point**
> **생각하는 사람의 습관은 이것부터 다르다!**
>
> 말을 전혀 듣지 않고 제멋대로 굴어 '나쁜 아이'로 비춰지기 십상이지만 아이들은 이런 행동을 통해 주체성을 찾아간다.

등교거부와 우주론

 내가 어릴 적에는 여러 가지 동물을 흔하게 볼 수 있었다. 개나 고양이가 주변을 서성댔고, 강이나 연못에서 물고기 낚시를 했다. 저녁이 되면 수많은 박쥐가 곤충이나 모기를 쫓아 활공하는 모습을 볼 수 있었다. 맑은 날 저녁에는 하늘 저편으로 노을이 아름답게 번져 갔다.
 그런 샤갈의 그림과도 같던 세상은 어디로 사라져 버렸는지 안타까울 뿐이다. 집 주변이나 거리는 이미 콘크리트로 둘러싸여 가끔 고양이만 배회하는 살풍경으로 변해 버렸다. 이제 여기서 등교거부를 하고 있는 A양의 이야기가 시작된다. A양은 초등학교에 입학하고 2년간, 다시 말해 3학년이 될 때까지 줄곧 학교를 가지 않았다. 그 2년 동안 일주일에 한 번 카운슬러와 상담을 했다. 다행히 그 2년 동안 심리요법 덕분에 3학년 때부터는 등교를 할 수 있게 됐고 상담도 무사히 끝낼 수 있었다.

2년간 아이의 성장은 거북이처럼 느릿느릿했지만 이야기와 함께 그림요법과 상자정원 요법을 진행하자 수많은 동물의 엄마, 아빠 놀이를 하며 즐거워했다고 한다. 놀이방에서 노는 상자정원 요법으로 동물, 곤충, 나무, 꽃 같은 완구를 반복적으로 사용했다.

상자정원 요법이란 모래가 들어 있는 상자와 많은 종류의 장난감을 이용해서 자유롭게 뭔가를 만드는 놀이요법 중의 하나이다. 이 상자 안에서 표현된 세계는 하나의 소우주에 비유된다. A양뿐만이 아니라 많은 아이들에게 다시 한 번 자신의 내적 세계를 치유하고, 창조하고 구축해 나가는 장소로써 이 상자정원이 도움이 되고 있는 것이다.

A양이 등교하게 된 직접적인 계기는 교정 구석에 새롭게 만들어진 토끼장을 본 것과 그 토끼들 먹이 담당이 된 것이다. 그 후 A양의 희망에 따라 집에서 강아지를 키우기 시작했고 그 결과 강아지와 산책을 하게 됐다. 그러면서 토끼장에서 양호실, 그리고 어머니와 함께 교실에 들어갈 수 있게 되었다.

아이의 마음속에서 벌어지고 있는 상황은 발견하기 어렵다. 하지만 상자정원의 동식물 장난감과 애견, 토끼가 A양의 마음을 치유해주어 등교를 할 수 있게 한 매개가 됐다는 건 틀림없는 사실이다.

아이의 미래는 어디일까?

　지능검사 설문에 '나는 고양이로소이다(나츠메 소세키: 夏目漱石)라는 소설은 누구 작품일까요?' 라는 것이 있다. 한 비행 중학생 남자 아이의 상담을 담당하고 있을 때 일이다. 이 질문에 그 소년은 오랫동안 생각에 잠겼다. 이것은 지식문제이다. 알고 있는지, 모르는지 그저 그뿐인 문제이다. 생각한다고 대답할 수 있는 문제는 아니다. 왜 쓸데없는 생각을…… 하고 생각하면서 나는 기다리고 있었다. 잠시 후 "하타케 마사노리(畑 正憲: 일명 무츠고로라 불리는 생물학자이며 동경에서 무츠고로 동물원을 운영) 아니에요?"라고 대답해 깜짝 놀랐다. 정말 그가 썼을 것 같은 느낌이었다. '정답'이라고 해주고 싶을 정도였다. 그리고 쓸데없는 생각을……이라고 생각했던 자신이 한심하게 느껴졌다.

'무츠고로 동물원'에 이런 일이 있었다. 등교거부를 하는 아이들 중에는 동물을 좋아하는 아이들, 장래 동물의 사육과 조련에 관한 일을 하고 싶다는 아이들이 많았다고 한다. 중학교 3학년생인 N양도 그중 한 아이였다. 따돌림을 당해 줄곧 학교에 가지 않았다. 하지만 상담은 성실하게 응했다. 진로 이야기가 나왔을 때의 일이다. TV에서 봤다며 "무츠고로 동물왕국에서 일하고 싶어요."라고 말하는 것이었다.

"하지만 희망자가 너무 많아 들어가기 힘들다고 해요."라고 말했다. 자세히 들어보니 이 이야기는 갑자기 생각해 낸 게 아니라 어릴 적부터 생각하고 있었다는 걸 알 수 있었다. 장래에 '동물의 왕국'이 아니더라도 살아 있는 생물을 돌보면서 생활할 수 있다면 그런 일을 하고 싶다고 했다. 마침 여름 방학 직전이었다. 좋은 기회라 체험 학습 삼아 어딘가 목장에서 방학 동안 일을 해보면 어떨지 제안하였다. "꼭 가고 싶어요."라고 해서 준비를 시작했다.

"기왕이면 홋카이도가 좋아요."라는 말을 듣고 몇 군데 의뢰를 했다. 지인에게 한 목장의 소개를 받아 N양에 대해 자세한 이야기를 적어 의뢰를 부탁하는 편지를 보냈다. 기꺼이 받아주겠다고 해서 여름 시즌 구하기 힘든 홋카이도행 페리 티켓을 겨우 구했다. 그런데 출발을 며칠 앞두고 N양이 찾아와 "역시 못 가겠어요. 수험준비를 해야 해서."라고 하는 것이었다. 준비하는 데 얼마나 고생을 하고,

얼마나 많은 사람에게 부탁을 했는지 생각하니 화가 났다. 하지만 그녀는 "이미 정했어요."라고 할 뿐이었다.

2학기가 시작되자 N양은 학교에 가기 시작했다. 그리고 이듬해 봄에는 집을 나와 아르바이트를 하면서 정규 고등학교를 다니게 됐다. 예상 밖의 전개였다. 이후 일과 학교 둘 다 열심히 하고 있다는 이야기를 듣고 정말 기쁘게 생각했다. 대체 어떤 게 도움이 됐는지는 지금도 알 수 없다. 단지 그녀의 미래는 내가 예상했던 것 이상의 가능성을 품고 있는 것 같았다.

나로서는 가능한 한 일에 최선을 다했던 게 발전된 미래를 만들었다고 생각하고 있을 뿐이다.

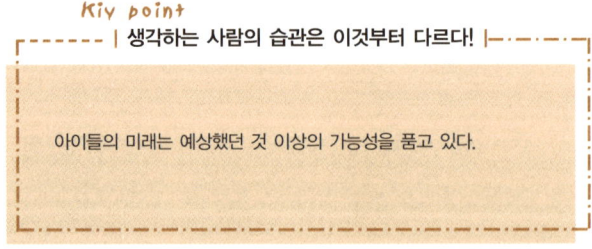

모모타로(桃太郎)

한 학생이 "저는 아직도 부모의 기대를 받고 있어요. 언젠가 부모를 버리지 않으면 자립할 수 없어요."라며 부모의 손길에서 벗어나지 못하는 자신을 한탄하고 있었다. 이런 장면은 대학 상담실에서는 흔한 것이지만 그 순간 갑자기 '도깨비 퇴치에 나서지 않았던 모모타로'라는 말이 떠올랐다. 모모타로는 왜 도깨비 퇴치를 하지 않은 것일까, 도깨비 퇴치를 하지 않은 모모타로에게 무슨 일이 일어난 걸까?

이런 생각이 자꾸 떠올라 다시 책을 읽어보았다. 여러 종류의 책이 있지만 아무래도 모모타로가 도깨비를 퇴치하러 가지 않으면 안 되는 이유가 있다고는 생각할 수 없었다. 그렇다면 도깨비 퇴치는 모모타로의 마음 내면에서 생겨난 필연성에 의한 것이라고 생각할 수 있다. 모모타로는 머리를 묶고 홍조 띤 얼굴의 미소년이었다. 그 얼굴에는 아직 젖내가 남아 있을 정도다. 모모타로가 벗어나고 싶었던 것은 바로 이 내면의 젖내였을지도 모른다.

할아버지는 약간의 수수팥떡과 '일본 제일의 모모타로'란 깃대를 들려 여행을 보낸다. 만약 이때 위험하다고 여행을 말렸다면 어떻게 됐을까? 그저 배가 나오고 지저분한 수염을 기른 중년의 모모타로가 수수팥떡을 먹고 있는 안타까운 모습은 아니었을까? 귀엽게 보이던 젖내도, 믿음직스런 머리띠도, 중년이 돼서 그대로라면 꼴불견일 뿐이다.

그런데 학생과 상담을 해보면 지저분한 수염에 떡을 먹고 있는 '중년의 모모타로'가 농담으로 끝나지 않는 경우가 가끔 있다. 아이의 입장에서 보면 사회에 나가기 위해 긴 준비 기간이 필요하고, 부모의 입장에서는 양육 자녀가 줄어 경제적으로도 육체적으로도 오랫동안 아이를 돌볼 수 있게 된다. 오랫동안 함께 하면 이별도 어려워진다. 이별의 어려움에 기대 도깨비 퇴치에 나서려는 아이를 막고 있는 것처럼 느껴지기도 한다.

항상 부모로부터 안전하고 확실한 길을 보장받은 사람은 실패하는 법을 배우지 못해 불필요한 손해를 용납할 수 없게 된다. 그것은 '꼴불견인 모모타로'이다. '꼴불견인 모모타로'는 친구가 없다. 남에게 베풀 줄을 몰라 관계가 지속되지 않기 때문이다. 참고로 모모타로는 수수팥떡으로 부하 셋을 얻었다.

또한 실패를 두려워한 나머지 살아가는 세상이 좁아져, 대학에 들어가서도 무얼 해야 좋을지 모르게 된다. 받기만 하는 인생이 지속되면 자신 내면의 목소리가 들리지 않게 돼 '방황하는 모모타로'가 되는 것이다.

역시 도깨비 퇴치는 자기 내면에서 끓어오르는 필연성에 따라 결행해야 한다. 부모나 주변의 방해만 없다면 누구나 즐겁게 모험에 도전하는 것이다. 그때 부모는 약간의 식량과 깃발만을 쥐여 주고 아이를 떠나보내면 된다.

Kiy point
생각하는 사람의 습관은 이것부터 다르다!

> 항상 부모로부터 안전하고 확실한 길을 보장받은 사람은 실패하는 법을 배우지 못해 삶의 고비마다 어려움을 겪는다. 받기만 하는 인생이 계속되면 내면의 목소리가 들리지 않기 때문이다.

시대의 청년들

    동서고금의 소설에서 청춘은 고민이 많은 시기로 묘사돼 있다. 또한 발달 심리학, 청년 심리학의 모든 교과서에도 청년기는 '질풍노도의 시기', '정체성의 위기 시기'라고 기술돼 있다.

    하지만 현대 사회에 있어서도 정말 청년기는 고민이 많은 시대일까? 주변을 살펴보면 아르바이트를 해서 모은 돈으로 어른들보다도 자유롭게 놀고, 해외에까지 외유를 나가는 청년들을 볼 수 있다. 성에 관한 억압도 이전에 비하면 생각할 수조차 없을 정도로 완화돼 남녀 교제도 자유롭다.

    원래 청년기의 불안정성은 '이미 어린이는 아니지만 아직 어른도 아니다.'라는 어정쩡한 경계에 서 있다는 것에서 유래하고 있다. 하지만 현대의 정보·소비 사회에서 세상의 정보는 위대한 소비자인 청년을 향해 발신되고, 청년은 그것을 훌륭하게 즐기고 있다. 따라서 이전에는 아직 어른이 아니라는 그림자에 불과했던 청년기가, 현대 사회에서는 그야말로 인생의 봄으로 불리고 있다. 역으로 과거에는 청년을 억압하고, 청년이 뛰어넘어야 할 벽이었던 어른이 정보기기를 활용하지 못해 신입사원의 도움을 받거나, 젊은 여사원의 해외여행 이야기에 한숨만 쉬고 있다.

이와 함께 청년들의 상담 질과 내용도 크게 변화하고 있다. 상담하러 온(혹은 이끌려온) 청년은 옛날 청년들처럼 고민하지 않는다. 고민하는 대신 무기력, 은둔, 괴롭힘, 도피, 거식, 리스트커트 증후군(극심한 우울증상으로 칼 같은 것으로 자해를 하는)과 같은 행동상의 문제를 일으켜 주변 사람을 고민에 빠지게 한다. 그런 모습을 자주 접하게 되는 게 최근 대학에서 흔히 볼 수 있는 스튜던트 애퍼시(대학생의 무기력증)이다. 지금까지 성적도 좋고, 적응을 잘 하던 청년이 갑자기 무기력해져 아무리 주변 사람들이 걱정을 해도 당사자는 고민조차 할 수 없어, 문제와 직면하면 끝없이 도피하다 결국 학교를 그만두게 된다.

이와 같은 애퍼시(무기력증) 학생들은 그저 적응하는 생활만 해왔고, 사춘기에 고민하는 연습을 전혀 하지 않은 게 아닐까 하는 생각이 든다.

과거 청년기가 어른들에게 압박당하는 그림자의 시대였을 때는 그림자의 어둠 속에서 여러 가지 나쁜 짓도 하고, 다소 실패를 하더라도 그것이 표면으로 드러나는 일이 거의 없었다. 청년은 그 어둠 속에서 시행착오를 하며 고민을 체험적으로 학습할 수 있었다고 생각한다. 그런데 현대 사회에서의 청년기는 빛이 내리쬐는 중심적인 시대로 변해 청년기가 밝아졌다고 할 수 있다. 그 결과 현대를 살아가는 청년들은 천성적으로 밝음을 지향하게 돼 시행착오는 실패자가 되고, 고민하는 것은 바보나 어두운 성격으로 치부돼 배제당하고 있다.

이처럼 현대 사회의 청년기는 고민이 많은 시대가 아니라 청년이 고민하지 않게 된 시대라고 할 수 있다. 이런 이유에서 고민거리를 들고 상담실을 자발적으로 찾아오는 학생을 대하게 되면 안도의 한숨이 저절로 나오게 된다.

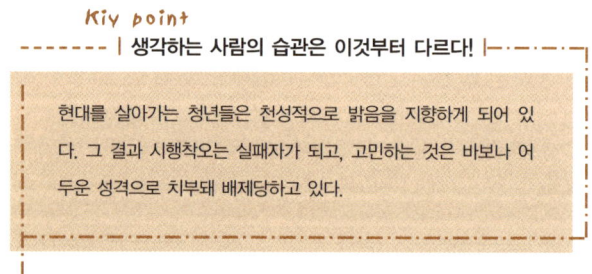

Kiy point
생각하는 사람의 습관은 이것부터 다르다!

현대를 살아가는 청년들은 천성적으로 밝음을 지향하게 되어 있다. 그 결과 시행착오는 실패자가 되고, 고민하는 것은 바보나 어두운 성격으로 치부돼 배제당하고 있다.

솔개는 매를 키울 수 없다

　등교거부를 하는 아이들 중에는 가끔 엄청난 재능이 있는 아이, 재미있는 아이가 있다. 이것은 초등학생이나 대학생 모두 비슷하다. 우리는 이런 아이들이 제도적으로 너무 엄격하고 억압적인 '학교'라는 장소를 견디지 못하는 것이 아닐까 분석하고 있다. 개성이 너무 강하다 보니 평범한 교사나 다른 학생들은 그 학생의 장점을 깨닫지 못하거나, 자신들과 너무 동떨어져 있으면 불쾌하게 여길 수도 있다는 생각이다.

　따라서 대학까지 아무 탈 없이 순조롭게 성장했다는 건 그야말로 평범한 아이들이라는 것을 증명하는 것으로 봐도 무리가 없다고 본다. 조금 독특하거나, 재미있는 아이는 문제아로 일컬어지는 경우가 많고, 그것은 대학에 근무하는 사람이라면 누구나 알고 있는 사실이다.

하지만 그런 재능을 가지고 있으면서도 대학에 진학하는 아이들도 가끔 볼 수 있다. 그렇게 되면 대학이란 정말 재미라고는 찾아볼 수 없는 곳이라 강의나 친구들에게서 실망을 한다. 당연히 학교를 점점 멀리하게 돼 몇 년이고 유년을 반복하게 된다.

말하자면 무기력상태로 빠져들게 되는 것이다. 그렇게 되면 부모 입장에서는 여간 힘들어지는 게 아니다. 조금 유별난 점이 있기는 하지만 공부도 잘하는 편이라 상상조차 하지 않았던 일이기 때문이다. 적어도 대학에 들어갔으니 이 모든 걸 증명한 셈이니까 더욱 그러하다.

그리고 부모는 아이를 어떻게든 하려고 주말마다 찾아가 열심히 돌봐준다. 하지만 달라지는 건 없다. 부모는 이런 자식을 점점 부정적인 눈으로 바라보게 된다.

'어째서 다른 아이들처럼 학교생활을 하지 못할까? 게을러터져서 노력을 하지 않는 거야.'

자식 입장에서는 이런 눈초리가 상당히 괴롭다.

당사자를 만나보면 대부분 꽤 독특한 친구인 경우가 많다. 역시 이런 학생은 평범하게 학교생활을 보낼 리가 만무하고, 평범하길 원하는 부모의 입장에서 이해할 수 없는 일이다. 최소한 부모가 긍정적으로 받아들였으면 하는 바람이다.

"어머님, 저나 어머님은 그저 평범한 솔개에 지나지 않습니다. 하지만 그의 재능은 정말 대단합니다. 솔개가 매를 낳는 다는 건 바로 이런 거겠죠. 그러니 어릴 때는 모르겠지만 이미 다 큰 매를 솔개가 키울 수는 없을 겁니다."

이 어머니는 상당히 이해심이 깊은 분으로 웃는 모습으로 내 이야기를 경청하며 이해했다.

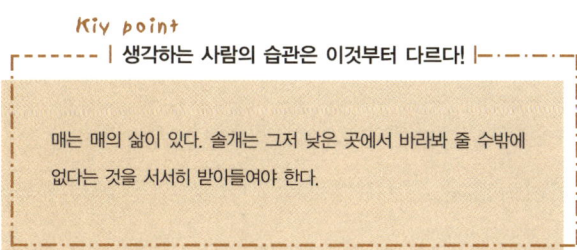

Key point
생각하는 사람의 습관은 이것부터 다르다!

매는 매의 삶이 있다. 솔개는 그저 낮은 곳에서 바라봐 줄 수밖에 없다는 것을 서서히 받아들여야 한다.

아이의 빛나는 지혜

나는 업무상 학교나 유치원, 어린이집 선생들로부터 여러 가지 이야기를 듣고 사람의 마음 변화에 대해 생각하는 데 많은 힌트를 얻고 있다. 그중 아이와 교사와의 관계에서 매우 감동을 받은 에피소드 하나를 소개한다.

A양은 미숙아로 태어나 이후로도 허약체질로 성장했다. 초등학교에 들어가서는 따돌림을 당해 매일같이 엉엉 울면서 돌아와 주변의 물건을 잡히는 대로 집어 던지며 한바탕 소동이 일어난다고 한다. 이런 일은 3학년이 돼서도 크게 달라지지 않아 교사나 부모 모두 매우 곤혹스러워하고 있었다. 그러던 어느 날, A양이 교무실로 달려 들어왔다. '또 A양인가?' 라고 생각하며 교사들이 문 앞을 쳐다봤다. 역시 A양이었다. 하지만 그날은 다른 날처럼 엉엉 우는 것이 아니라

"선생님, 금색 색종이 없어요?" 하고 소리치며 들어온 것이다. 담임선생이 "어디다 쓰려고?" 하고 묻자 "아니, 묻지 말고 그냥 주세요."라며 발을 동동 굴렀다. 선생님이 서랍에서 새 색종이를 꺼냄과 동시에 A양은 받아들고 두 손으로 꾸깃꾸깃 구겨 동그랗게 뭉치는 것이었다. 그리고 뭉친 종이를 다시 쫙 펴더니 "아아, 후련하다!" 하고는 평온한 얼굴을 했다.

주변 교사들은 무슨 일이 일어났는지 알지 못한 채 의아한 표정만 짓고 있었다. 그러자 A양은 "반짝반짝 빛나요." 하며 색종이를 내밀었다. 담임선생이 보니 정말 금색 색종이가 빛을 받아 난반사하면서 반짝반짝 빛났다. "응, 정말!" 하고 말한 뒤 "무슨 일이니?" 하고 묻자, A양은 "S가 저를 괴롭히잖아요. 너무 화가 나서…… 하지만 이렇게 하고 나면 화가 풀려요."라면서 설명해주었다.

지금까지는 어떡해야 좋을지 몰라 그저 울기만 하던 A양이 화로 가득 찼던 자신의 마음을 이 색종이를 뭉쳤다 펼쳐 반짝거리는 금빛을 보고 스스로 마음을 가라앉혔다는 것에 신생님은 감격했다. "와 정말 대단해." 하고 말하자, A양은 "네, 그냥 생각이 떠올랐어요."라고만 대답했다.

나도 이 이야기를 듣고 어떻게 그런 멋진 생각을 떠올렸을까 싶어 한없이 대견스러웠다. 그리고 이런 일이 일어난 것도 A양의 마음이 변함과 동시에 이전의 소동이나 화풀이 행동을 할 때 교사들의 대처방법에서 영향을 받았음을 알 것 같았다.

아이가 화가 나서 흙탕물을 걷어차는 사이 물의 움직임과 철퍽철퍽하는 소리에 흥미를 가지고 즐거워했던 것과, 그림물감을 그냥 '쭉' 짜내 버리는 난폭한 아이에게 도화지를 주고 "여기에 짜봐." 하면서 유도하여, 여러 가지 색으로 도화지를 접었다 편 뒤 생겨난 재미있는 모양을 보여주었더니 즐거워하고 마음이 편안해졌다는 것을 경험한 것이다.

우리 어른들도 참을 수 없을 만큼 화가 날 때 그저 단순한 화풀이가 아니라 '금빛 반짝임'으로 바꿀 수 있다면 얼마나 좋을까.

Kiy point
┌───┐
│ 생각하는 사람의 습관은 이것부터 다르다! │
│   │
│ 가슴속에 화를 품는 대신 나름대로의 '금빛 반짝임'을 찾아 그 화를 발산하는 아이의 행동은 칭찬받을 만하다. 화는 마음의 독이기 때문에 그때그때 풀어야 한다. │
└───┘

마음속에 살고 있는 아이

요즘 어른들은 "어른이 되지 않았어.", "어른이라고 할 수 없어."라는 말을 자주 듣는다. 한편으로 "요즘 아이들은 아이 같지가 않아."라는 말도 자주 듣는다.

예컨대 어른이 어른답지 않고 아이들이 아이답지 않은 기묘한 현상이 일어나고 있는 듯하다.

이러는 사이 어릴 적 아이답지 않던 아이가 커서 어른이 되고 부모가 된다. 그런 사람에게 있어 자신의 아이가 아이답지 않다는 것을 받아들인다는 것은 매우 힘든 일이다.

갓난아기로 태어나 유아기, 학동기(만 7세부터 12세)로 성장하는 과정에는 인간으로서의 가능성이 걸려 있다고 해도 과언이 아니다. 그것을 이해한다면 '아이가 된다.' 는 것의 중대함도 이해할 수 있을 것이다.

그렇다면 그렇게 성장한 아이, 즉 아이답지 않게 자란 후에는 되돌릴 수 없는 걸까? 그렇지 않다. 몇 살이 됐든 '아이가 되는 것'은 가능하고, 자기 내면의 아이를 활용할 수 있는 풍요로운 어린이로도 될 수 있다. 하지만 그저 어리광만 부리면 되는 것이 아니다.

어른이라는 사회적 틀 속에서 정신적으로는 아이를 경험하고, 자신의 어린 마음을 가득 채우려고 하는 것은 누구나 하고 있는 일이라고 생각한다.

그때 상대가 가족이건, 친구건 간에 '아이가 된 자신'을 자각하는 한편 그런 자신을 지켜보고 있는 자신을 확실하게 존재하도록 하는 것이 중요하다.

갑자기 아이를 데리고 친정으로 돌아가 버린 아내가 남편에게 이혼을 요구해 왔다. 남편에게 있어 그것은 전혀 상상도 할 수 없는 일이었다. 내조를 잘해주는 아내라고만 생각하고 일방적으로 어리광을 부렸다. 그런데 아내는 남편에게 한마디 상의도 하지 않고 갑자기 집을 나가버린 것이다.

이 부부의 예도 '어린이가 되지 못한' 어른끼리 결혼해서 그런 결과를 초래한 것은 아닐까.

부부가 서로 자각하고 어리광을 허용했다면 사태는 달라졌을지 모른다.

한편으로 그것을 바라보는 어른으로서의 자신도 더욱 믿음직스러워지지 않을까?

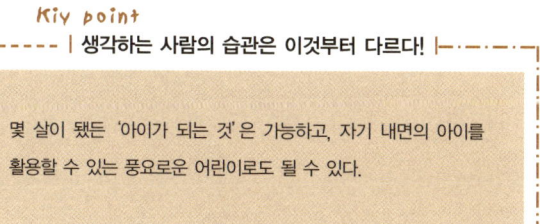

몇 살이 됐든 '아이가 되는 것'은 가능하고, 자기 내면의 아이를 활용할 수 있는 풍요로운 어린이로도 될 수 있다.

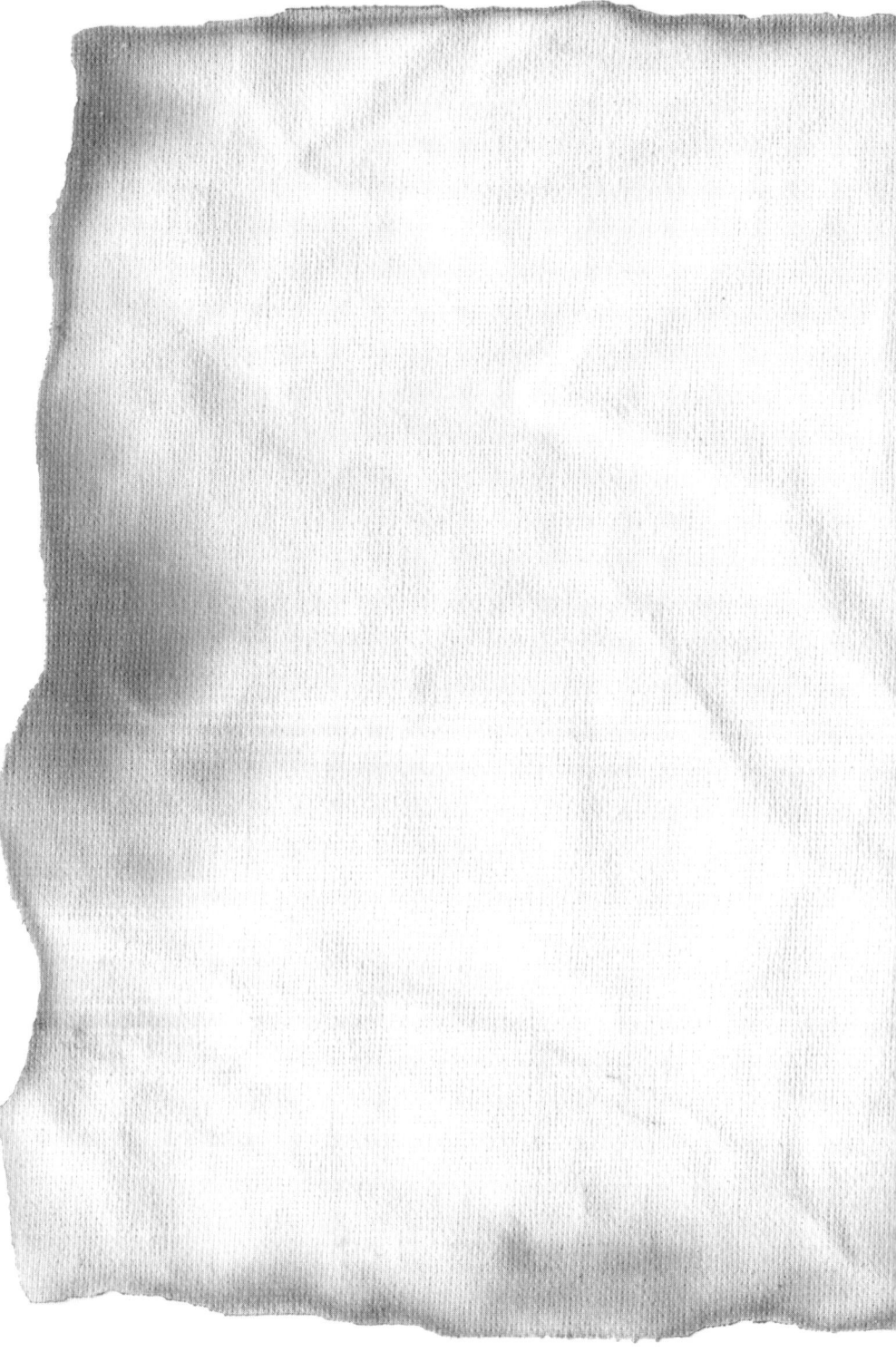

제4장

내 안으로의 초대

햄릿의 불면증

　나는 다행히도 거의 불면증을 경험하지 않고 살고 있지만 불면증에 걸린 사람들의 고통은 상상을 초월하는 듯하다. 불면증의 원인도 여러 가지지만, 불면증의 형태에 따라 의사로부터 적절한 수면제를 처방받는 것이 순서다. 물론 그걸로 쉽게 해결되는 경우도 있다. 하지만 내 경험으로 미루어 볼 때 해결되기는커녕 새로운 불면증의 고민에 시달리는 환자가 더 많은 것 같다. 그중 대표적인 실례를 들어보겠다.
　A씨는 50대 여성이다. 원래 건강 체질이었지만 자녀의 결혼문제와 남편의 갑작스런 죽음 등 스트레스가 한꺼번에 겹치면서 자율신경 실조증에 걸려 잠 못 이루는 밤의 연속이었다. 그녀는 조속히 주치의로부터 수면제 처방을 받았다. 한 달도 채 되지 않아 약효가

있어 A씨는 처음 봤을 때의 초췌한 표정은 사라지고 건강한 모습으로 나타났다. 하지만 어느 날 밤, A씨의 머릿속에 다음과 같은 생각이 자리 잡기 시작했다.

'분명 잠을 잘 수 있게 됐어. 하지만 이건 어디까지나 약을 먹었기 때문이지 불면증 증세가 완전히 고쳐진 건 아니야.'

틀림없이 이 생각은 이치에 맞는다. 그리고 불면증에 걸린 분들 중 많건 적건 간에 한 번쯤은 품었을 의문이다. 하지만 실은 이런 생각으로부터 새로운 불면증의 고통이 시작되는 것이다. 게다가 이런 일은 다반사로 일어나는 일이다.

A씨의 경우에도 좋지 않은 일이 계속 겹치던 때, 한 친구로부터 "수면제를 계속 복용하면 부작용이 있대. 너도 가능한 한 빨리 수면제를 끊는 게 좋아."라는 마음 따뜻한 조언을 받았다고 한다.

이날을 시작으로 A씨는 매일 밤 손바닥에 놓인 흰 알약을 뚫어져라 바라보며 생각에 잠기는 습관이 생겨났다. '먹을지, 아니면 먹지 않을지' 그야말로 햄릿의 심성이었을 것이다. 결국 약을 먹기로 했지만 어쩐 일인지 이전처럼 약이 듣지 않는 것이었다. 이렇게 되자 주치의와의 관계도 악화돼 A씨를 상대하기 힘들어진 주치의는 '불면증 노이로제 의심'이라며 내게 카운슬링을 의뢰해 왔다.

여기서 가장 큰 문제는 왜 약효가 떨어졌는가에 있다. 대답은 간단하다. A씨는 매일 밤 햄릿의 심경으로 자신도 모르는 사이 신경적 긴장감이 높아졌던 것이다. 그것은 수면 상태로 진행될 때 생리적 조건이 되는 자율신경 흥분의 저하를 방해했다. 그렇게 되면 수면제의 효과도 떨어지는 것이 당연하다. 내 처방은 그저 A씨의 약을 복용하는 방법과 그때의 심경에만 초점을 맞추는 것이었다. 그리고 A씨에게 다시 안심하고 약을 복용하도록 하는 것으로 별다른 어려움 없이 불면증을 해결할 수 있었다.

불면증이라는 병에 걸린 사람은 누구나 햄릿의 심경이 되지 않으면 안 되는 것 같다.

어쩌면 셰익스피어 자신도 불면증 환자였는지 모른다. 게다가 천재작가이니 오늘날 수면제를 둘러싼 수많은 불면증 환자들이 품고 있는 심리적 갈등을 예측하고 있었던 건 아닐까. 햄릿은 그렇게 해서 탄생한 작품일지도 모르겠다.

Key point

생각하는 사람의 습관은 이것부터 다르다!

'먹을지, 아니면 먹지 않을지' 그야말로 햄릿의 심경으로 수면제를 복용한다면 해결되기는커녕 오히려 새로운 불면증의 고민에 시달리게 된다.

몸과 마음은 아주 친하다

　인간의 몸은 자율신경에 의해 조절되지만 스트레스가 더해지면 몸이나 마음이 긴장으로 굳어져 자율신경의 밸런스가 무너져 버린다. 공포나 불안에 의해 얼굴이 파랗게 질리고, 손발이 차가워지며, 심장이 쿵쾅거리는 경험은 누구나 해봤을 것이다. 이 긴장상태가 일회성이라면 몸은 밸런스를 되찾게 되지만 스트레스로 인해 불안과 긴장이 지속되면 자율신경의 실조증상이 나타나기 쉽다.
　몸과 마음은 밀접한 관계가 있다. 무서운 영화를 보고 있을 때 자신도 모르게 몸에 힘이 들어가 얼굴이 새파래지고, 심장이 뛰는 것을 느낄 수 있다. 무섭다는 긴박한 마음의 움직임이 몸을 긴장시키는 것이다. 드라마 주인공이 위험한 장면에서 벗어나 한숨을 돌리게 되면 긴장도 풀려 편안해진다.

'심신상관(相關)'이라는 것은 마음과 몸이 밀접하게 연관돼 있는 것으로, 같은 뜻의 '심신일여(一如)'라는 말도 있다. 이것은 몸과 마음이 서로 연관돼 있는 걸 넘어 하나라고 생각하는 것이다. 이것을 물이라고 가정해 보자. 물의 화학기호는 H_2O이다. 수소와 산소가 합쳐져 마시거나 씻는 물이 된다. 어느 하나만으로는 물이 될 수 없다. 사람도 마찬가지로 몸과 마음이 하나가 됨으로써 인간이 될 수 있는 것이다. 둘 중 하나만으로는 인간이 될 수 없다.

심신일여라는 것은 동양적인 사고방식이지만 미국 의사 제이콥슨은 대뇌생리학적 입장에서 근육을 편안하게 해주면 대뇌의 흥분을 억제시켜 마음의 안정을 얻을 수 있기 때문에 스트레스도 줄어든다고 한다.

릴렉스 요법은 자율 훈련법, 점진적 근육이완법, 요가, 명상, 태극권 등, 여러 가지가 있지만 간단하면서도 누구나 쉽게 할 있는 것은 복식 호흡법이다.

구체적으로는 편안하게 의자에 앉거나 눕는다. 가볍게 눈과 입을 다물고 코로 천천히 숨을 들이마신다. 이때 배가 나올 정도로 숨을 들이마신다. 배에 오른손을 가볍게 대고 가슴에 나머지 손을 얹고 가슴만 부풀어 오르는 게 아닌지 확인하는 것도 좋은 방법이다. 숨을 내쉴 때는 입으로 천천히, 배가 홀쭉해질 때까지 뱉어낸다. 이때 숨을 내쉼과 동시에 몸 전체의 힘을 뺀다. 복식호흡을 계속하면서 자신의 몸 위에서부터 순서대로 하나씩 주의를 기울인다. 힘이 들어가 있는 부분과 긴장하고 있는 부분, 어색한 부분이 없는지 점검한다. 어딘가 그런 부분이 있다면 그곳에 주의를 기울이며 숨을 들이마시고 다시 내쉬면서 주변 근육의 힘을 빼도록 한다.

이것은 자신의 몸을 깨닫는 훈련이기도 하다. 이렇게 몸의 힘을 뺌으로써 마음의 안정을 찾을 수 있게 된다. 마음을 편안하게 하기 위해서는 먼저 몸의 힘을 빼는 것이 중요하다.

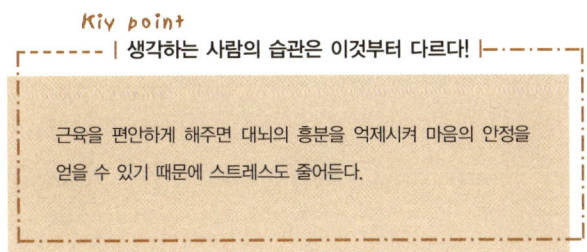

Key point

― | 생각하는 사람의 습관은 이것부터 다르다! | ―

근육을 편안하게 해주면 대뇌의 흥분을 억제시켜 마음의 안정을 얻을 수 있기 때문에 스트레스도 줄어든다.

 훌륭한 '고민 방법'

사람은 일단 고민이 생기면 그 고민에서 벗어나기 위해 너무 집착하기 때문에 어떻게 해야 할지 방법을 찾지 못하게 된다.

여러 방법으로 기분 전환을 해서 잊으려 노력해 보거나, 자포자기, 자신의 마음을 고무시키기 위해 스스로를 격려하는 등 악전고투를 하게 된다. 하지만 그런 악전고투에도 효과적인 해결책을 얻지 못한 채 악순환을 반복하는 경우가 많다.

격무로 인해 심신증(정신, 신체의 장애)을 일으켜 입원하고 있던 한 일류기업 부장이 병원을 빠져나와 상담을 받으러 왔다. 심신증에 관한 의학, 심리학 책을 옆구리에 끼고 온 그가 "저는 치료하기 위해 여러 가지 책을 읽었습니다. 또한 자기 단련법으로 매일 요가, 자율훈련법도 했습니다. 게다가 기분 전환에 좋다는 친구의 권유로 난생 처음 슬롯머신도 돌려봤습니다. 하지만 전혀 효과가 없었습니다."라고 했다.

"게임에서 땄나요?" 하고 내가 묻자 그는 고개를 좌우로 흔들면서 "따는 게 목적이 아니라 치료가 목적입니다."라고 대답했다.

빨리 좋아지려는 그의 마음은 마음이 아플 정도로 잘 이해가 된다. 하지만 안타깝게도 그런 식으로 너무 열심히 노력하는 방법(고민 방법)으로는 제아무리 그 방법이 좋다고 하더라도 효과를 얻을 수 없다.

그의 이런 방법(체험 방법)은 틀림없이 일을 할 때나, 가정에서, 그리고 노는 데도 마찬가지였을 것이다. 또한 그가 심신증을 일으키게 된 가장 큰 원인도 바로 그것이었다.

나는 그에게 이렇게 말했다.

"슬롯머신은 도움이 되니까 그냥 하세요. 단 장시간 하더라도 피곤하지 않게 편안하게 앉아서 여유 있게 즐기십시오."

이것은 결고 말장난이 아니다. 그가 지금까지 너무 열심히 노력하던 방법을 좀 더 훌륭한 방법으로 바꾸기 위한 역설적인 접근이다. 그가 너무 열심히 하지 않는 방법을 체험하고 여유를 가지고 대상에 접근할 수 있게 되면 그 노력도 스스로 조절할 수 있게 될 것이다.

인간이 살아 있는 한 고민은 끝이 없다. 고민을 품고 있을 때 중요한 것은 고민을 빠르고 완벽하게 해소하려는 것이 아니라 보다 훌륭한 '고민 방법'을 연구해야 한다.

훌륭한 '고민 방법'이 가능해지면 희한할 정도로 고민은 자연스럽게 해결된다.

Kiy point
생각하는 사람의 습관은 이것부터 다르다!

너무 열심히 하지 않는 방법을 체험하고 여유를 가지고 대상에 접근할 수 있게 되면 그 노력도 스스로 조절할 수 있게 된다.

심오한 낮잠

우리나라 고유의 '몸과 마음을 풀어주는 방법'으로 최근 갑자기 주목을 받고 있는 '낮잠'의 올바른 방법에 대해 필자의 경험을 섞어가며 이야기하려 한다.

낮잠에서 얻을 수 있는 은혜는 인간의 심신에 있어 끝이 없지만, 그 사람이 평소 땀을 흘리며 일을 하고 있다는 전제조건이 따른다. 땀을 흘리지 않더라도 만원전철 속에서 비비대며 출근하는 정도의 환경이 꼭 필요하다고 할 수 있다. 가혹한 노동이든, 출근 지옥이든 그것은 인간의 심신에 적당한 충격을 주어 때론 지치게 한다. 그대로 방치해둔다면 심신에 변화가 생겨 의사나 카운슬러의 도움을 받아야 할지도 모른다. 원래 그런 일들을 통해 자신의 생활을 뒤돌아보고, 자신의 인생을 재정립할 수 있다면 의료비나 카운슬링 비용이 비싼 건 아니지만 여기서는 가장 싸게 할 수 있는 낮잠 기술을 익힘으로써 심신의 '충격'을 이용해 '지친 몸'을 달랠 수 있도록 한다.

낮잠은 차와 좌선의 참선정신에 가까운 것이다. 낮잠에 어울리는 공간은 아무 장식도 없는 소박한 공간이며 좌선이 지향하는 '본래(本來) 무일물(無一物)'이라는 경지는 낮잠이 추구하는 바이기도 하다. 하지만 '정숙'이 주요소인 낮잠은 '형식'과는 거리가 멀어 제각각 자신에 가장 어울리는 방법을 찾는데 중점을 두고 있다. 이 점에서 로저스(Carl Ransom Rogers)의 상담자 중심요법에 가깝다고 할 수 있을 것이다.

낮잠을 자려는 사람은 먼저 작은 방을 깨끗하게 청소하고 작은 꽃병에 소박한 꽃 등을 꽂아두는 것도 좋다. 아무런 준비를 하지 않고 먼지가 날리는 방에서 시작해도 상관없다. 날리는 먼지를 바라보며 상징적으로 우주의 모습을 떠올려도 좋을 것이고, 반대로 '그저 먼지가 날린다.'는 것을 새삼 느끼는 것도 괜찮다.

잠에서 깬 후에는 손발과 목, 허리 등의 관절이 편안해지도록 가볍게 움직여 '기'가 통하기 쉽게 한다. 근육을 부드럽게 늘리면서 곤충의 숨소리처럼 조용히 호흡을 하면 몸속에 생기가 돌고 마음이 편안해진다. 숙달이 되면 빠른 속도로 지복(至福)의 경지에 달해 대지의 기운을 빨아들일 수 있게 된다. 자세도 등, 허리, 좌, 우와 아래로 적절하게 바꿔주면 요가 포즈처럼 여러 가지 효과를 얻을 수 있다.

낮잠의 본질은 완전한 자기 심신을 찾는 것이다. 혹 이해를 못하는 주변 사람의 잔소리를 듣게 되더라도 그저 스님의 '할(喝:불교의 꾸짖음, 꾸짖을 갈)'이라 생각하고 계속 정진하면 이 길은 끝없이 심오하다는 것을 깨닫게 될 것이다.

Kiy point
---- | 생각하는 사람의 습관은 이것부터 다르다! | ----

> 낮잠의 본질은 차(茶)와 좌선의 참선정신에 가까운 것이며 완전한 자기 심신을 찾는 것이다.

알고는 있지만

　기업에서 고민하는 출근거부 증상의 표현으로써 3A라는 것이 있다. 빈번한 결근, 재해, 그리고 알코올의 영어 앞글자를 딴 것으로 알코올은 그중에서도 정말 골치 아픈 존재이다. 기뻐서 마시고, 슬퍼서 마시고, 거기에 사람들을 상대하기 위해 또다시 마신다. 이렇듯 술이 없으면 사회가 제대로 돌아가지 않는 우리의 음주문화를 알코올 홀릭 사회구조라고 부른다.

　만약 어느 날 갑자기 '당신은 알코올 의존증입니다.' 라는 진단을 받으면 어떻게 할까? 아마 대부분의 사람은 순간적으로 멍하니 있다가 '큰일 났군.' 하고 비통한 비명을 지르게 될 것이다. 안타깝게도 이런 사람 대부분은 평소 자신의 음주 습관 변화를 깨닫거나 누군가에게 지적을 당해도 '알고는 있지만 끊을 수 없어.' 라며 그냥 넘겼을 것이다. 자신의 음주에 대한 이상과 불안을 인정하려 들지 않았기 때문에 더욱 사태가 심각하다고 할 수 있다.

A씨도 이런 사람 중 한 사람으로 부인과의 이혼을 피하기 위해 알코올 전문 병원의 문을 들어서게 되었다. 하지만 입을 열자마자 "알고는 있지만……."이었다. 그리고 "하지만 선생님, 술 먹고 실수할 수도 있잖아요."라며 변명을 늘어놓는다.

중요한 건 '유비무환의 지팡이' 인데 알코올 의존증이라는 진단을 받게 되면 아쉽게도 그런 지팡이는 효과가 없다. 분명히 알코올 의존증이라는 진단을 받기 전이라면 적정음주 등 그럴듯한 '유비무환의 지팡이'도 가능할 것이다. 하지만 지금은 술을 끊는 것 외에 달리 방법이 없다. A씨가 내린 결론은 "병은 인정합니다. 가능한 한 술을 마시지 않도록 노력하고 앞으로 술을 끊겠습니다."라고 하는 것이었다.

이럴 때 역시 "알고 있지만 끊을 수 없는 병인가 보군." 하고 새삼 느끼게 된다. 그럴 때는 최대한 빨리 단주 모임이니 알코올 중독 치료 모임을 소개해주고 단주의 '요령'을 배우도록 한다. 하지만 이런 사람의 경우 두세 번 나가보고 자신에게는 아무 쓸모없고, 술을 끊는 요령도 배울 수 없는 창피한 집단이라 주장하며 저항적인 것이 대부분이다.

그런 사람에게는 아무리 설명해봤자 소용없고 지쳐버리기 때문에 나는 둘이서 종이접기 방법을 활용하고 있다. 나는 접을 수 있고 상대는 접을 수 없는 것이라면 뭐든 좋다. 예를 들어 간단한 종이접기 설명서를 주고 종이접기를 하도록 하지만 결과는 뻔하다. 그리고 이번에는 내가 접는 것을 보고 따라 접도록 하는데 질문만 허용한다. 이렇게 되면 이미 내 의도대로 된 것이다. 힘들게 하나의 종이접기를 완성하면 이렇게 말해준다.

"안다는 건 이런 걸 말하는 것입니다. 당신이 착각의 늪에 빠지지 않게 좀 더 다녀보는 게 어떨까요? 그것이 착각의 늪에 빠지지 않는 요령입니다."

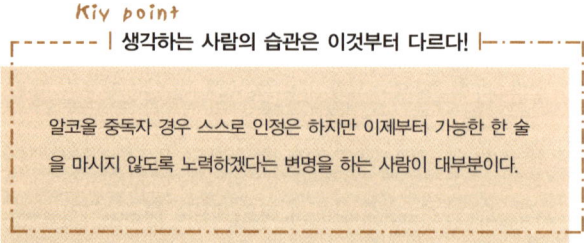

Key point
생각하는 사람의 습관은 이것부터 다르다!

알코올 중독자 경우 스스로 인정은 하지만 이제부터 가능한 한 술을 마시지 않도록 노력하겠다는 변명을 하는 사람이 대부분이다.

멈출 수 없어

 자기주장이 강하면 감정이 상하지만 인정상 용서한다 해도, 이래저래 세상을 살아가는 건 힘들지만 내가 살아가기 힘들다고 느끼는 것은 자기중심적인 사람과 만날 때이다. 복잡한 만원 전철 안에서 발을 밟고도 아무렇지 않은 척하거나, 차창 밖으로 담배꽁초나 음료수 캔을 버리고, 시간에 상관없이 장황하게 자기주장만 펼치는 등, 이런 사람들과 접하게 되면 그 불유쾌함은 끝이 없다. 그건 아마도 내가 어릴 적부터 모범적인 행동을 하려는 마음가짐 때문에 불편하다고 느끼는 것이 다른 사람과 달라서일 것이다.
 거식증으로 체중이 27kg까지 빠져 입원한 후, 먹기 시작하면 멈출 수 없고 먹고 난 다음에는 토하지 않으면 안 되는 폭식증에 걸린 K양도 어릴 적부터 착하고 모범적인 아이였다. 그녀의 거식, 폭식증의 원인은 지금까지의 모범적인 생활을 깨트리려는 의지가 담겨 있었다. 과거에는 말을 잘 듣고 착한 아이였는데, 강하게 자기주장을 고집하며 감정적으로 반항해오자 어머니는 지친 모습이 역력했다.

K양의 고민은 스스로 생각해도 바보 같지만 폭식을 멈출 수 없고, 그 이유가 주변에서 말하는 것처럼 자신의 성격이 비뚤어졌기 때문이라고 여기고 있었다. 정도의 차는 있겠지만 누구나 빠지기 쉬운 이 "머릿속으로는 알고 있지만 멈출 수 없어."라는 것이 노이로제나 심신증이 돼버린 사람들의 공통적 고민으로 일종의 악순환을 일으키고 마는 것이다.

악순환이 일어나는 것은 일정한 구조를 이루고 있기 때문으로 주변 사람과의 관계가 그 악순환을 강화시키고 고정시키는 작용을 한다. 따라서 악순환에서 벗어나기 위해서는 먼저 주변과의 관계를 끊어야 하며 그러기 위해서는 '자신의 마이 페이스를 되찾을' 필요가 있다.

우리가 살아가기 어려운 것은 타인과 사회생활을 함께 하는데 그 원인이 있다. 평소 타인과의 관계 조절을 하면서 사회생활을 열심히 하려고 노력하는 사이, 그 모든 것이 주변의 평가 기준이 돼 버리고 만다. 다시 말해 주변에 맞춰 살아가는 동안 '타인중심'이 돼 '자기중심'을 잃어버리기 쉽다. 그렇게 되면 '완벽하게 하지 않으면 안 된다.', '실패는 용납되지 않는다.', '내게 잘할 수 있는 능력이 없다.' 등의 고정관념이 생겨나게 된다.

이 좋지 못한 타인중심이 악순환의 근간으로 K양에 대한 질문은 '당신은 어떤 모습으로 있고 싶은가? 그걸 방해하는 게 무엇인가? 그걸 배제시키고 실현 가능한 조건을 만들자.'라는 것이었다.

말하자면 자기중심을 찾으라는 것이었는데, 나중에 K양은 '자신과 마음속으로 대화를 할 수 있게 돼 자신이 생겼다.', '사람들이 제각기 다르다는 것을 깨닫게 돼 매일 매일이 경이롭다.', '자신을 소중히 여기기 시작하면서 남을 사랑할 수 있었다.'라고 말했다. 관리사회에 빠져 생활하고 있는 우리는 제멋대로인 사람에게 화를 내기보다 한 걸음 뒤로 물러서 스스로를 바라볼 필요가 있는 것 같다.

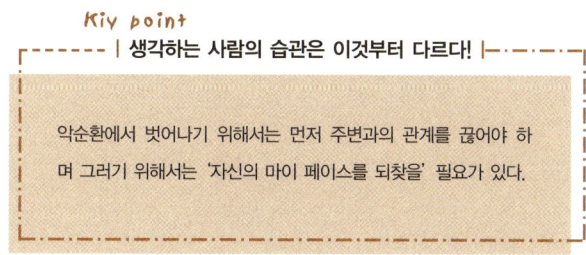

Kiy point
| 생각하는 사람의 습관은 이것부터 다르다! |

악순환에서 벗어나기 위해서는 먼저 주변과의 관계를 끊어야 하며 그러기 위해서는 '자신의 마이 페이스를 되찾을' 필요가 있다.

무의식의 지혜

 그것이 무엇이든 어떤 현상에 대해 '증상'이나 '문제' 등의 이름을 붙이면 어떻게든 해결해야 하는 것으로써 고치려고 노력한다. 왜냐하면 '있어서는 안 되는 나쁜 것'이기 때문이다. 그리고 대부분은 노력 덕분에 무사히 해결할 수 있다. 하지만 전혀 해결이 안 되는 문제도 있는 게 세상만사 이치다.
 이 묘령의 여성도 바로 이런 종류의 시선 공포증으로 고민하고 있었다. 사람의 시선이 신경 쓰이기 시작한 지 1년 남짓, 회사를 그만두고 친구들과의 만남도 거절하는 등, 증상은 점점 심해져 결국 외출하는 것조차 두려워하게 됐다.
 원래부터 사람들과 만나는 것을 싫어하는 성격이라면 그나마 나을지도 모른다. 하지만 그녀의 경우 이 증상이 시작되기 전에는 '사교적이고 밝은 성격'으로 주변 사람들의 칭송이 자자했던 사람이라 그녀의 고통은 한층 더 심각성을 띠고 있었다.

초조해할수록, 고치려고 하면 할수록 사람의 시선은 그녀의 오장육부까지 파고드는 느낌이었다. 그녀가 가장 힘들어하는 것은 이 증상 때문에 결혼을 할 수 없다는 것이었다.

그녀의 새로운 주치의는 그런 고통을 충분히 이해하고 주로 증상이 시작되기 전후의 생활변화에 대해 이야기를 나누기 시작했다. 그것을 요약하면 다음과 같이 확실하게 알 수 있다.

이 증상이 시작되기 직전, 그녀는 결혼을 전제로 교제하던 남성에게 일방적으로 차여 식사를 할 수 없을 정도로 상처를 받아 고통스러워했다. 원래 사교적이었던 그녀는 지금까지 많은 남성들과 교제를 해왔지만 그녀의 미모 덕에 실연의 아픔은 한 번도 경험한 적이 없었다. 따라서 그녀가 받은 충격은 더욱 심했다.

게다가 거기에 한 술 더 떠 그녀의 나이에서 오는 결혼에 대한 초조심과 부모의 압력이 작용했다.

그리고 그녀에게 다가오는 수많은 남자들. 그녀의 조바심과 남자들에 대한 불신으로 어떻게 남성을 대하면 좋을지 몰라 힘든 하루하루를 보냈다고 한다. 또다시 상처를 받을까 두렵고…….

그런 후 그 병이 발병했다. 그녀는 '사교성'이 사라지고 남성과의 접촉을 거부하면서 결혼조차 힘들어지게 된 것이다. 하지만 영리

한 그녀는 의사와 상담하는 사이 서서히 한 가지를 깨닫게 됐다.

실은 증상이 있는 지금이 그녀에게 있어 쾌적한 부분도 있다는 것을 알게 됐다. 증상으로 인해 남자와의 만남이 없어지게 되면서 이전처럼 '상처에 대한 공포'를 피할 수 있고 '증상이 생겼으니 어쩔 수 없다.'고 생각하면서 그녀와 부모님의 결혼에 대한 조바심을 억제할 수도 있게 됐다.

바꾸어 말하면 증상 자체는 고통스럽지만 그 대신 심적 부담을 덜 수 있었던 것이다.

의사는 그녀의 증상을 자신을 지키는 '무의식의 지혜'라고 칭찬하고 그것을 서둘러 없애려고 하지 말라고 권했다. 이때 그녀는 웃으며 관심을 보이기 시작했고 처음에 심각했던 모습은 이미 사라져 있었다. 이후 이어진 몇 차례의 치료에서 그녀가 그렇게 두려워하던 '시선'에 대해서는 이야기하지 않고 주로 '남성과 결혼'에 관한 이야기만 나누었다.

'증상'을 나쁜 것으로 받아들이기 때문에 어떻게든 해결하려고 해서 악순환이 반복되는 것이다. 하지만 그러면 그럴수록 '증상'은 더욱더 당신을 괴롭힐 수도 있다. 그럴 때 이 이야기를 떠올려 보라.

'인생을 살다 보면 정말 어쩔 수 없는 문제가 있다.'

새 삶을 찾아서

어느 날 아침, 당직을 마친 간호사가 환자에게 말을 건넨다.

"오늘은 날씨가 참 좋네요."

그러자 환자가 "나랑 상관없는 일이에요."라며 퉁명스럽게 대답했다. 그렇게 이야기는 끊기고 말았다. 아무래도 관계가 별로 좋아 보이지 않는다.

그즈음 그는 거의 매일 저녁 병원 복도를 서성거렸다. 간호일지에는 그저 '저녁 식사 후 배회'라고만 적혀 있는 게 대부분이었다. 하지만 언젠가 그가 내게 이런 말을 한 적이 있다.

"어머니가 사람은 다리부터 힘이 빠진다고 해서 매일 산책을 하고 있습니다."

그의 '배회'는 어머니 말씀을 충실히 지키고 있었기 때문이었다.

그는 나중에 외래 통원치료를 받았는데 그즈음에는 환청으로 고생하고 있었다고 한다.

"처음에는 그냥 전파소린 줄 알았습니다. 그래서 터널에 들어가 차를 멈추어 봤습니다. 하지만 여전히 들려왔습니다. 전파가 아니었습니다."

현재 그는 혼자 살고 있다. 근처 반찬가게에서 반찬을 사서 밥만 해 먹으며 생활하고 있는 것 같았다.

임상심리사, 카운슬러라는 말의 울림은 부드럽고 멋진 느낌이 든다. 스마트하고 슬림한 느낌이 드는, 왠지 멋진 일처럼 느껴진다. 동네 비디오 가게에서 빌리는 외국영화에도 정신분석가가 멋진 모습으로 등장한다. 결국 그 분석가와 미녀 상담사가 깊은 관계로 이어지기도 한다.

마찬가지로 서점에는 '심리학', '임상학'이 즐비하게 꽂혀 있고 저명한 학자들이 저마다 비슷한 것들을 쏟아내고 있다. 이렇게 해서 만들어진 '심리'가 화려한 이미지를 가지고 있지만 실제 현장과는 사뭇 거리가 먼 것이 대부분이다. 원래 그것은 정신치료의 현장이라고 말하는 것이 어울릴지도 모른다.

그래도 그 사람들은 현명하다. 앞서 말한 것처럼 병원에서 훌륭하게 '생활'하고, '낫지 않은' 것을 스스로 '고치고' 있다고 할 수 있다. 그리고 지금 훌륭하게 '새 삶을 찾아' 마을 한곳에 정착해 살고 있다.

　나는 카운슬러는 '고칠 수 없고, 고치지 않는다.' 라는 생각을 가지고 있다. 그리고 이것을 깨닫는 것이 카운슬러의 길이라고 믿는다.

　저명한 학자들이 만든 '심리' 라는 말은 화려한 이미지를 가지고 있지만 실제 현장과는 사뭇 거리가 먼 것이 대부분이다.

그건 양보 못 해

　카운슬러를 찾아오는 사람들은 그야말로 수도 없이 많은 동기를 가지고 있다. 이 증상을 없애고 싶다, 저 문제로 고민하고 있다, 혹은 그냥 소개받고 와 봤다는 식이다. 하지만 늦건 빠르건 간에 혼자서는 어떻게 할 수 없는 문제를 떠안고 있다는 사실을 인정할 때, 그리고 그 문제는 실로 오랜 시간에 걸쳐 경험에 의해 축적된 것으로 지탱하고 있다는 것을 실감했을 때, 그 사람은 중대한 위기와 조우하게 된다.
　왜냐하면 그 문제를 '해결'한다는 것은 그것을 뒷받침하고 있는 오랜 경험을, 그리고 그 위에 이루어진 지금까지의 인생을 완전히 부정하는 것이기 때문이다.
　6년에 걸쳐 카운슬링을 함께 해온 한 강박 신경증 클라이언트는 지금 거의 완치단계에 도달했다. 그가 처음 나를 찾아왔을 때 사회생활의 위기로 고민하고 있었다. 주어진 업무를 '너무' 꼼꼼하게 처리하려고 해서 능률이 오르지 않아 일처리가 거의 되지 않는 데다 집을 나서면서 가스 밸브, 전원 스위치, 거기에 걸음걸이마다 '정해진 숫자'라는 '규칙'이 있어 행동하는 것 자체가 매우 힘든 상태였기 때문이다.

6년에 걸친 카운슬링 동안 여러 가지 일들이 있었다. 하지만 그는 지금 이렇게 말하고 있다.

"내 인생은 예방으로 이루어져 있습니다. 그런 예방이 없다면 인생을 뿌리채 바꿔버려야 합니다······."

그는 지금 객관적으로는 훌륭하게 사회생활을 하고 있다. 하지만 그의 내면에는 일단 '생각'을 하고 행동하던 것을, "그렇게까지 하지 않아도 된다."라는 걸 알고 있다는 것 사이에서 미묘한 균형 감각을 끝없이 시험하면서, 그것을 몸에 익히려 노력하기 시작했다.

그는 '이진의 자신'이 당연하게 "타인은 모두 적이라고 생각했다."는 것을 인정하고 있다. 그리고 그런 타인과의 관계에서도 일단 '생각'을 하고 관계하고 있었다는 것도 말이다. 하지만 지금 그의 내면에는 "타인은 모두 친구다."라는 생각이 싹트고 있다. 이 상태에서도 미묘한 균형 감각이 필요했다.

나는 이 치료를 통해 우리가 행하고 있는 치료라는 것이 실은 상당히 위험하다는 것을 새삼스럽게 배우고 있다는 느낌이 든다. 클라이언트의 대부분은 노골적이건, 혹은 감추건 간에 '치료'를 원해 찾아온 것이다. 하지만 여기서 '문제'가 되는 것은 흔히 그 사람의 생활신조라고 할 수 있는 것과 밀접한 관계가 있고 '그건 양보할 수 없다.'고 하기 때문에 '해결'이 불가능한 경우가 상당히 많은 것도 사실이다.

그리고 그 생활신조는 그것이 신조로 삼게 된 경험에 의해 유지되고 있다. 우리는 '고치자'고 생각하는 마음을 절대 잊어서는 안 된다.

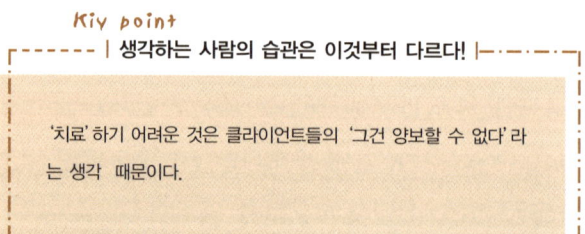

Kiy point
생각하는 사람의 습관은 이것부터 다르다!

'치료' 하기 어려운 것은 클라이언트들의 '그건 양보할 수 없다'라는 생각 때문이다.

사람은 신이 아니다

자기중심이라는 말은 제멋대로이고, 이기적이라는 부정적인 느낌을 준다. 이와 반대말은 애타적, 애타주의일 것이다. 애타 행동은 배려와 따돌림과 연관해 논의돼 왔고 학교 교육에서는 중요한 개념 중의 하나이다.

심리요법과 카운슬링을 하다 보면 너무 애타적이 돼 자신을 잃어버리는 사람과 만날 수 있다. 30세 주부가 육아 노이로제로 찾아왔다. 세 살과 두 살 난 아이가 있다. 떼를 심하게 부려 손길이 많이 간다고 한다. 남편은 다섯 살 연상으로 왕성한 사회생활로 인해 거의 매일 밤늦게 집에 돌아온다. 휴일에는 남편을 쉬게 하기 위해 혼자 아이를 돌본다. 남편의 내조를 위해 끝없이 자신을 억눌러 왔다.

첫 상담 때 상당히 인상적이었던 것은, 거의 상담을 할 수 없을 정도로 두 명의 아이가 곁에서 소동을 부렸다. 아이들은 전혀 제어가 되지 않았다. 어머니는 상담이 끝나자 과자부스러기를 치우고 방안 전깃불을 끄고 돌아갔다.

상담 후반은 선 채로 칭얼대는 아이를 안고 달랬고, 나는 앉아 있는 묘한 광경이었다. 그녀는 눈물을 머금고 조바심, 고독감, 불안, 초조함을 호소했다. 집안일과 육아도 충분히 할 수 없는 상태였다. 급성 우울 상태로 자살충동까지 있어 항우울제를 권했지만 풀어놓고 싶은 이야기가 상당히 많은 듯했다.

이후 몇 번의 상담을 통해 알게 된 것은 중학생 때부터 사는 게 힘들다고 생각했다는 것과 부모로부터 아주 엄격한 가정교육을 받은 것, 그것이 이상하다고 여겼지만 부모가 상처받을까 우려해 아무 반항도 하지 못한 것, 다시 말해 이상하다고 느껴도 자신의 생각을 전혀 발설하지 않은 것이다.

결국 부모를 위해, 남편을 위해, 아이들을 위해, 남에게 피해를 주지 않기 위해, 타인 중심으로 살아온 것이다. 대학에서 전문교육을 받았지만 졸업 후 바로 결혼해 아이가 생기는 바람에 취업 경험이 없고, 자신이 하고 싶은 일이 있지만 결혼과 동시에 집안일과 육아에만 전념했다. 그리고 지금 스트레스와 외로움에 시달리고 있었다.

가장 힘든 일은 아이가 자기주장을 하게 되면서 폭발할 정도로 화가 치밀게 됐다는 것이다. 그리고 그것이 아이나 남편에게 해가 될까 두려워하고 있었다.

"사람은 신이 아니니 자신을 희생으로 자기실현을 이룰 수는 없습니다. 자신의 욕구를 실현하고, 자신만의 시간을 갖고, 자신의 즐거움을 추구해 나가는 것이 중요합니다."

나는 이렇게 말해주었고 그러는 사이 남편이 집안일을 도와주게 돼 5년 만에 혼자서 쇼핑을 즐길 수 있는 시간을 갖게 됐고, 우울한 기분에서 점점 벗어날 수 있었다. 역시 자기중심이 중요하다.

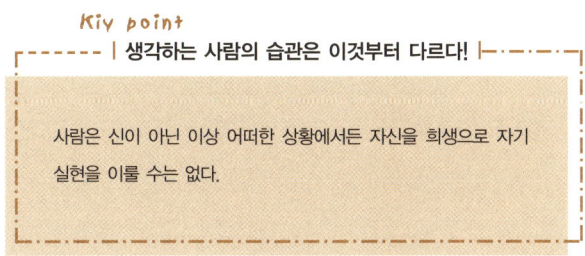

Kiy point
| 생각하는 사람의 습관은 이것부터 다르다!

사람은 신이 아닌 이상 어떠한 상황에서든 자신을 희생으로 자기실현을 이룰 수는 없다.

울 수 있으면 편해진다

"선생님, 모리타 도우지(森田童子) 알아요?"

나의 치료를 받고 있던 아이가 이런 당돌한 질문을 했다.

"아니, 전혀 모르겠는데. 그게 누구지?"

"너무 어두운 노래라고들 하는데 저는 듣고 있으면 마음이 편해져요."

소녀가 이렇게 말해 조금 흥미가 끌렸다. '우리들의 실패'라는 노래가 드라마 주제곡으로 히트를 친 것 같았지만 드라마 마지막 편만 조금 봤을 뿐이다. 원래 관심이 없었던 드라마라 아무 느낌도 받지 못했고 마지막 편에서 주제곡을 들었을 때는 충격을 받았다. 20년 이상 내 속에 잠재돼 있던 뭔가가 정면으로 튀어나오는 것 같은 느낌을 받았다.

다음 날 바로 그 CD를 샀고 하루에 한 번은 집에서, 또 한 번은 학교에서 듣게 됐다. 잠이 오지 않을 때는 방에서 혼자 이 음악을 들었다. 그리고 눈물이 멈추지 않고 흘렀다.

이 노래를 가르쳐준 아이의 이야기를 들어보니 "젊은 여자들 사이에서 모리타 도우지를 들으며 우는 게 유행이에요."라고 했다.(나는 중년 남자지만.)

결국 나 혼자로 끝나지 않고 봉사활동을 하고 있는 동료들을 불러 모아 '모리타 도우지를 듣고 함께 우는 모임'을 만들고 말았다. 반 장난 삼아 시작한 모임이 결국 하나, 둘 사람이 늘어나면서 상당한 수의 사람들이 모여들게 됐다. 남들이 보면 꽤나 기묘한 모임이라고 여길 것이다.

그런데 매번 함께 울기만 하는 걸 반복하는 사이 모두에게 조금씩의 변화가 생겨나기 시작했다. 그중에는 '울 수 있게 돼 마음이 아주 편안해졌다.'고 하는 사람이 있었다. 이 사람은 이제까지 울고 싶어도 눈물이 나지 않았다고 한다.

"지금까지 힘든 일이나 슬픈 일이 많았지만 아무도 상담에 응해주지 않았고, 항상 타인의 공격만을 받았어요. 그래서 무조건 자신의 감정을 억제하고 모든 것을 논리적으로 설명하려고 했어요."

이 사람은 이런 자세로 자신을 지켜 왔는데 어느 순간 자신의 감정을 말로 표현할 수 없게 됐다는 것을 깨달은 것이다. 이런 사람을 우리는 '알렉시미아(실감정증)'라는 전문용어로 부르고 있다.

그 후로 이 사람은 나와 상담을 하게 됐고, 차츰 자기주장이 가능해져 기쁨과 슬픔을 가족과 함께 나눌 수 있게 됐다. 아마도 운다는 것을 깨닫게 되면 기쁨도 깨닫게 되는 것 같다. 생각지도 못한 일로 한 가수가 나의 치료에 도움을 줬고 나 자신도 상당한 치료 효과를 얻은 것 같다.

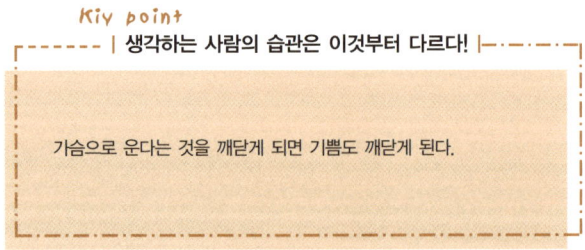

Kiy point
생각하는 사람의 습관은 이것부터 다르다!

가슴으로 운다는 것을 깨닫게 되면 기쁨도 깨닫게 된다.

규칙 허물기

마음이 피곤하면 모든 의욕이 사라짐과 동시에 어지럼증과 구역질, 식은땀, 설사, 두통, 때로는 열이 나는 등, 많은 신체 이상 증상이 생겨난다. 하지만 건강검진을 하더라도 아무런 이상을 찾지 못하는 경우가 많다.

우리가 감기에 걸렸을 때 치료법은 충분한 수면, 영양보충, 그리고 약을 복용하는 것이다. 그리고 왜 그런지에 대해 생각하는 것이 상당히 중요하다. 이유는 우리의 몸 자체가 원래 '좋아지려고' 하는, 인간이든 동물이든 모든 생명체 스스로가 자연치유능력을 발휘하기 쉬운 조건을 만들기 때문이다.

치료를 해주는 것은 약이 아니다. 치료의 주역은 본래 가지고 있는 신체의 생명력으로 약은 그 능력의 보조 역할밖에 하지 않는다.

감기에 걸렸을 때 휴식을 취하는 건 상식이며, 감기에 걸리는 이유는 체력이 떨어졌기 때문으로 실제로 운동선수가 감기에 걸리면 경기에 나가지 않는다. 하지만 마음의 피로로 등교나 출근하기 힘들 경우 사람들은 근성이 부족하다는 이유로 정신단련을 해야 한다고 하는 경우가 많다.

마음의 병을 신체의 병처럼 생각해주지 않는 것이 우리의 현실이다. 맹장염으로 입원한 것을 사람들에게 말하는 것처럼, 정신적 피로로 입원한 것을 말하기는 쉽지 않다.

마음의 피로로 여러 가지 증상이 나타났을 때 중요한 것은 전문가와 상담하는 것과 휴식을 취하는 것이다. 그중에서도 가장 중요한 것은 휴식이다. 하지만 우리는 얼마나 노력하고, 어떻게 업무 능률을 올릴지 생각할 뿐, 얼마나 잘 휴식을 취해야 할지에 대한 노력은 부족하다.

힘들게 얻은 휴가 때도 이것저것 학교나 직장 일을 고민하고 휴일에도 아침 일찍 일어나 조깅을 하는 등, 스스로 자신을 규제하는 사람이 많다.

이것은 언뜻 올바른 것 같지만 절대 그렇지 않다. 왜냐하면 그런 규칙적인 일상이 자연스럽게 이루어지고 그에 준해 생활을 가능하게 해주는 것은 자고 싶을 때 자고, 먹고 싶은 것을 먹고, 하고 싶은 일만 하는 '충분한 휴식' 덕분이다. 그것은 피곤할 때 푹 자는 것과 마찬가지이다.

잠을 자고 일어나면 기분이 개운해진다. 중요한 것은 바로 '개운함'이다. 불면증 환자는 '개운함'을 원하지만 전혀 '개운'해질 수 없는 것과 마찬가지이다.

마음도 마찬가지로 개운해질 때까지 휴식을 취하면 다음 리듬이 찾아오게 된다. 규칙 앞에는 전혀 불규칙적인 마음의 규칙을 따르는 별도의 규칙이 필요한 것이다.

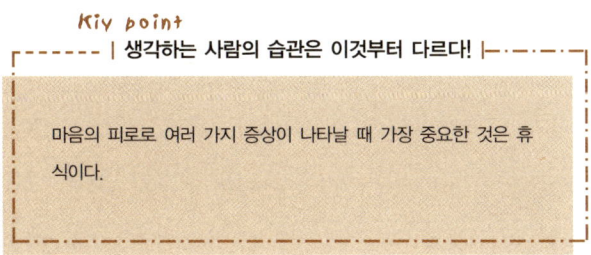

Key point
생각하는 사람의 습관은 이것부터 다르다!

마음의 피로로 여러 가지 증상이 나타날 때 가장 중요한 것은 휴식이다.

잘 노는 것도 경쟁력

은행원 S씨는 본점에 근무하게 되면서부터 위궤양이 재발했다. 위궤양이 처음 시작된 것은 4년 전인 35세 때고 두 번째 발병한 것은 1년 반 전, 그리고 이번이 세 번째였다. 발병 시기는 결산 등, 업무가 많은 시기에 발병했기 때문에 과로로 인한 스트레스성 궤양이라 생각한다. 부인도 증상에 대해 어느 정도 파악하고 있었고, 이전처럼 아침 일찍 출근했다 저녁 늦게 퇴근하는 일이 반복되면서 피로에 지쳐 식욕을 잃거나, 초조해하며 화를 내는 모습을 보고 또 궤양을 일으키는 게 아닌가 걱정스럽게 바라보고 있었다고 한다.

업무가 일단락되고 휴가를 얻어 10일간 입원했을 때 S씨에게 위궤양과 과로와의 관련성을 검토해 보자는 제안을 했지만 그는 관련성을 부정하고 "모두 똑같이 일을 하고 있어요. 그런데 나만 궤양에 걸리는 건 내 몸이 허약하기 때문이에요." 하며 자신의 나약함을 비난하는 것이었다.

은행에 다니는 지인을 보더라도 항상 책임량을 채우기 위해 매일매일 잔업을 하고, 아침 일찍 출근하고 집은 그저 잠만 자기 위한 곳처럼 보여 저러다 몸을 상하지는 않을까 걱정했다. 물론 바쁜 게 은행원만은 아닐 것이다. 사회가 불황의 늪에 빠지면 빠질수록 책임량은 더욱더 큰 짐이 된다.

또한 S씨처럼 외근에서 내근 중심의, 게다가 과장 대리라는 중간 관리직 역할로의 전환은 이전보다도 더 S씨의 심신을 과로로 내몰고 있었음이 분명하다. 불규칙적인 생활과 식사, 거기에 끝없는 긴장감이 위궤양을 일으키는 원인이 된다.

원래 그는 성실한 성격 때문에 요령을 피울 줄도 몰랐고 주치의도 적당한 스트레스 해소를 권했다고 한다. 하지만 S씨가 즐기던 골프는 취미라기보다 업무의 연장으로 그가 휴식을 취할 수 있었던 선, 병에 실려 요양을 할 때뿐이었다.

우리나라 사람들은 일을 많이 하는 것으로 세계적으로 소문이 나 있고, GNP를 끌어올린 활력은 자랑스럽지만 역시 '놀 줄 모르는' 건 인정하지 않을 수 없다. 일을 하는 것은 당연하고 노는 건 남는 시간에 하는 것, '놀이=게으름뱅이'로 여겨 노는 것은 떳떳하지 못하다고 생각하는 것 같다. 그리고 논다고 해도 시간을 유효하게 쓰려고 낭비가 적은 해외여행을 추구한다.

S씨가 제대로 놀지 못하는 것은 엘리트 코스를 밟기 시작한 초등학교 시절부터로 그것은 그저 놀 기회가 적었기 때문만은 아니다. 오히려 '놀지 못했다.'로 그의 마음속에 항상 '여차하다가는 탈락자가 되는 게 아닐까.' 하는 공포심이 있었다.

일중독 뒤편에 공포가 감춰져 있었는데 이 공포는 '그렇게 하지 않으면 안 되는 것'이란 규칙과 습관을 절대시하는 데서 발생하는 듯하다.

과연 여러분의 공포심은 어느 정도인가?

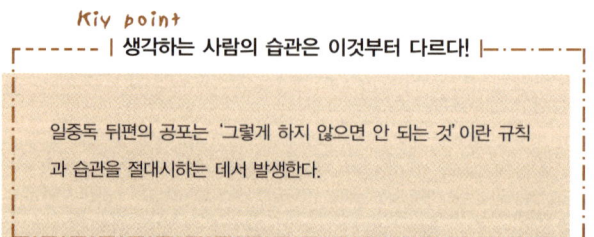

Kiy point
생각하는 사람의 습관은 이것부터 다르다!

일중독 뒤편의 공포는 '그렇게 하지 않으면 안 되는 것'이란 규칙과 습관을 절대시하는 데서 발생한다.

조루성 치매

 흔히 말하는 '치매 노인'에 대해 최근 매스컴에서 많이 다루고 있다. 두말할 필요 없이 한 사회에서 이 문제는 아주 심각한 것이며 주변에 그런 노인이 있는 가족에게는 더욱 절실한 문제일 것이다.
 여기서는 먼저 그런 심각함과 절실함에서 한 발짝 물러서서 '치매'라는 말이 풍기는 이미지만 가지고 인간의 마음에 대해 조금 생각해 보기로 하겠다.
 '치매'라는 것은 사리판단이 되지 않는 것이다. 사리판단이 되지 않는다는 것은 그저 '멍'한 상태를 말하는 것 같다.
 누구나 깊은 생각으로 머리가 피곤해지면 멍해지면서 뭐가 뭔지 모르는 상태가 될 때가 있다. 또 한 가지 일에 집중해서 머리를 쓰면 다른 일에는 신경을 쓰지 못해 어처구니없는 실수를 저지를 때도 있다.

연구에 몰두하고 있던 뉴턴이 달걀을 삶으려다 손목시계를 냄비에 넣어버렸다는 건 유명한 일화다.

다행히 뉴턴은 80세가 돼서도 치매에 걸리지 않고 더욱더 독창적인 연구를 계속했지만 그에게도 약점이 있었다.

일설에 의하면 그는 줄곧 대인공포와 피해망상으로 고민하고 있었다고 한다. 우주 진리의 해명에 도전한 그도 자신의 마음과 타인의 마음은 알지 못했던 것 같다.

옛날에는 '조발(早發)성 치매'라는 병명이 있었다. 이것은 요즘 말하는 '정신 분열증'이라는 정신장애로 남보다 감수성이 예민한 청년이 청년기 특유의 정신적 중압감으로 인해 혼란을 겪다 결국 정신적 붕괴의 위기에 처한다는 것이다.

치료를 위한 도움의 손길이 닿지 않아 안타깝게도 정신적으로 전혀 몸을 쓰지 못하는 상태가 타인의 눈에는 '치매'로 보이기 때문에 그런 병명이 붙었을 것이다.

마찬가지로 너무 깊이 생각한다고 해도, 뉴턴은 과학 연구의 방법을 발견해 '영재'의 대표선수가 됐고, 병든 청년은 '치매'라는 딱지가 붙게 됐지만 객관적 입장에서 바라보면 두 사람이 우열의 차가 있다고 말하기는 힘들다.

왜냐하면 세상의 불가결에 대해 '치매' 청년은 온몸으로 부딪쳤다고 볼 수 있기 때문이다.

Kiy point
---- | 생각하는 사람의 습관은 이것부터 다르다! |----

누구나 깊은 생각으로 머리가 피곤해지면 멍해지면서 뭐가 뭔지 모르는 상태가 될 때가 있다.

'스트레스 해소'의 방법

우리는 문제에 맞닥뜨리게 됐을 때 그로 인해 발생하는 스트레스 상태에 어떻게 대처하는가에 따라 쾌적한 마음을 유지할 수 있을지 없을지가 결정된다.

스트레스란 말과 동시에 나오는 말이 스트레스 해소이다. 스트레스 해소를 위해 '술을 마신다.', '노래방에 간다.', '드라이브를 한다.'는 말을 자주 듣는다. 하지만 이것은 쌓여 있던 마이너스 에너지를 다른 곳으로 옮긴 것에 불과하다고 할 수 있다. 과음은 간에 무리를 준다. 노래방은 경우에 따라 소음이 될 수도 있고, 드라이브는 배기가스를 내뿜어 환경에 영향을 준다. 좀 과장해서 말하면 오존층 파괴 등 지구환경에 스트레스를 주게 된다.

물론 자기 나름대로 스트레스 해소법이 있다는 건 좋은 일이다.

하지만 단순히 해소만 생각하지 말고 좀 더 여러 가지 처리 방법을 알아둘 필요가 있다. 몇 가지 그 예를 들어보겠다.

●스트레스와 싸운다…… 정보를 수집해 스트레스 해소를 위해 전략을 세우고 실행한다.

●스트레스에 익숙해진다…… 추위나 더위에 익숙해지는 것과 마찬가지로 힘든 상태에 조금씩 익숙해짐으로써 조금씩 가볍게 느끼게 된다.

●스트레스로 여기지 말자…… 같은 일이라도 피해의식을 갖거나, 마이너스로 받아들이지 말자.

●스트레스가 쌓이는 경우가 많다…… 사태를 객관적으로 재검토하면 스트레스가 쌓이지 않는다.

●스트레스를 회피한다, 도망친다…… 싫은 일에 직면하게 될 것 같으면 바로 피해버린다. 스트레스를 주는 사람에게 전화가 오면 받지 말자.

●스트레스를 방치하자…… 힘는 상황에 처하면 마음은 패닉상태에 빠진다. 조금 시간을 두고 생각하면 좋은 생각도 떠오를 것이고, 여유도 생긴다. 한동안 방치하고 자신을 쾌적한 상태로 만든다. 일단 천천히 목욕이라도 하고 내일 다시 생각하자.

●스트레스를 걷어버리자…… 벌어진 사태의 좋은 점을 찾자. 혹은 좋은 쪽으로 바꾸자. 적을 내 편으로 만들어 버릴 것.

●스트레스에 빠져버리자…… 큰 소리로 울거나, 푸념하라. 충분히 감정을 표출하면 마음이 풀린다.

●스트레스를 희석시켜라…… 사태를 분석하고 타협하는 등 가능한 것부터 해결하자.

●스트레스를 합리화시키자…… 오히려 잘됐다고 생각하자. 실연당했다면 '별 매력이 없는 사람이었으니 오히려 잘됐다.'고 자기 나름 이유를 달아 마음의 상처를 막자.

여러 가지 방법을 써보고 스스로 스트레스와 공존하는 방법을 찾는 게 중요하다.

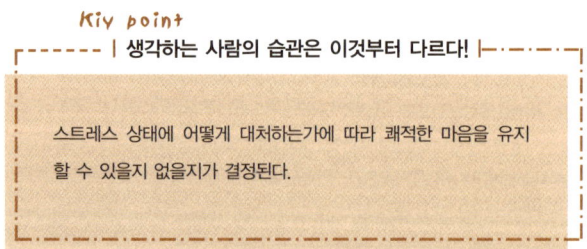

스트레스 상태에 어떻게 대처하는가에 따라 쾌적한 마음을 유지할 수 있을지 없을지가 결정된다.

고통을 한방에

모든 고통은 날아가 버려라!

누구나 한번쯤은 들은 적이 있을 것이다. 이 방법으로 '마음의 고통'이 사라져 버리니 희한한 일이다. 게다가 실로 간단한 방법이면서도 세상에 널려 있는 그 어떤 심리요법보다도 즉시 효과를 발휘한다.

이 방법은 신뢰할 수 있는, 애정이 넘치는 어머니의 사랑으로 고통을 감싸 안고 그 충격을 완화시켜 훌륭하게 '심적'으로 거리를 두는 작업을 할 수 있게 된다. 이 한마디와 일련의 동작만으로 그만한 효과를 얻을 수 있으니 정말 대단하다.

생활의 지혜라 할 수 있는 이 방법에 마음가짐, 마음을 푸는 방법과 원리, 더 나아가 치유의 원리가 들어 있다.

시험 공포증인 고등학생이 시험을 삼 일 앞두고 상담을 하러 왔다.

시험이 가까워질수록 과도한 긴장으로 머리가 백지상태가 돼 아무것도 할 수 없다고 하는 것이다. 시험이 삼 일 뒤라 나는 그에게 긴급대책으로 다음과 같은 방법을 일러주었다.

가볍게 긴장을 푼 상태에서 눈을 감고 "그때그때 생겨나는 싫은 감정(예를 들어 '화가 났을 때의 느낌', '몸이 공중에 떠 있는 느낌' 등)을 이미지 속에서 무언가로 감싸고, 그것을 가능한 한 멀리 내다 버려라."라고.

이 학생은 그런 느낌들을 병 속에 넣어 뚜껑을 닫은 뒤 냉장고 속에 넣고, 줄로 꽁꽁 묶어 산 속에 던져버리는 이미지 작업을 했다. 이미지를 끝낸 뒤 그는 "발이 땅에 닿은 것처럼 마음이 아주 편안해졌습니다."라고 했고, 그 뒤로 공부를 열심히 하게 됐다.

이미지를 활용했다고는 하지만 이 방법은 '모든 고통은 날아가버려라.' 와 같은 발상이다. 실로 단순하면서도 즉시 높은 효과를 얻을 수 있는 방법이다.

이 방법을 나는 Packing in-감싸는 것, shock Absorbing-완화시키는 것, Clearing a space-여유를 갖는 것, Keeping-가져다 두는 것의 머리글자를 따서 PACK 이미지 법이라 이름을 붙였는데, 원래는 생활의 지혜 속에 있는 치유 원리를 응용한 것이다.

이 예로도 알 수 있듯이 우리는 생활 속에서 여러 가지 연구를 하면서 건강한 마음을 갖는 방법, 마음가짐, 마음을 푸는 방법을 제대로 활용하고 있다.

> **Kiy point**
> ┌───── | 생각하는 사람의 습관은 이것부터 다르다! | ─────┐
>
> 가장 효과적인 마음의 건강법이라는 것은 사실 어려운 논리나 이론을 통해 얻어지는 것이 아니라 우리가 잊고 있던, 혹은 잊으려 하고 있는 생활의 지혜 속에 있다.

업어줘 귀신은 업어줘야

자전거를 막 배우려는 사람은 '넘어지지 않게' 핸들을 틀다 '꽈당' 하고 넘어지고 만다. 넘어지는 방향으로 핸들 조작을 하면서 힘껏 페달을 밟으면 넘어지지 않는다. 스케이트나 스키, 혹은 눈길에서 미끄러지는 차도 마찬가지로 미끄러지는 방향으로 몸을 움직여야 '잘 타게' 된다.

언뜻 보기에 나쁜 방향으로 향하고 있는 상태가 사실은 위기에서 벗어나는 데 도움이 되는 경우가 적지 않다.

옛날이야기 중에 '업어줘 귀신'이라는 이야기가 있다. 강가에 있는 할머니가 여행자에게 업어서 강을 건너 달라고 부탁한다. 그런데 그 할머니는 강을 다 건넌 뒤에도 젊은이의 등에서 떨어지려 하지 않는다. 젊은이는 깜짝 놀라 흔들어 떨어뜨리려고 하지만 상대는 귀신이라 흔들어도 떨어지지 않는다. 오히려 목과 허리를 더욱 꽉 붙잡고 늘어진다. 앞서 말한 내용을 응용한다면 흔들어 떨어뜨리려 하지 말고 할머니를 등에 업고 사이좋게 평생 함께 살 것을 결심한 뒤 할머니에게 그렇게 하자고 말해주는 것이 정답일 것이다.

아마 귀신은 재미가 없어져 어느 순간 사라져 버릴 것이다. 혹시 사라지지 않더라도 평생 함께 살 결심을 했으니 적어도 귀신 문제로 고민하지 않을 것이다. 조금 불편하겠지만 불편을 전제로 생활을 설계하고 산다면 별 탈 없는 인생을 영위할 수 있다.

닭 앞에 그물망을 친다('ㄷ' 자 속에 들어간 모양새라 뒤가 트여 있어 자유롭게 드나들 수 있다). 그물망 반대편에 먹이를 놓아둔다. 닭의 머리로는 돌아가서 먹이를 먹는 건 불가능하다. 개나 원숭이라면 순식간에 돌아가 먹이를 먹는다.

그러나 닭은 먹이라는 '문제'에 너무 집착해 다른 것을 볼 수 없다. 딴 짓을 하다 닭의 생각과는 아무 상관없이 그물망을 돌아서 먹이를 먹는 경우는 있을 것이다. 인간은 현명한 듯 보이지만 의외로 이 닭과 같은 상태가 돼 있다.

감정과 정서가 얽힌 '문제(애정 등)'와 사회적으로 평가가 높은 것(직업, 학교 등)일수록 이런 닭과 같은 상태를 유발하기 쉽다.

흔히 말하는 '문제'가 문제가 아니라, 정작 '문제'는 제대로 고민을 하고 있는가에 있다고 해도 과언이 아니다. 문제를 정면에서만 해결하려고 하면 고민은 더욱더 깊어지는 경우가 있다는 것을 알아 두는 게 좋을 것이다.

"재난을 당한 시절에는 재난을 당하기 좋은 시기. 죽을 때는 죽기 좋은 시기(료우칸〈良寬〉:에도시대 시인)가 있다."

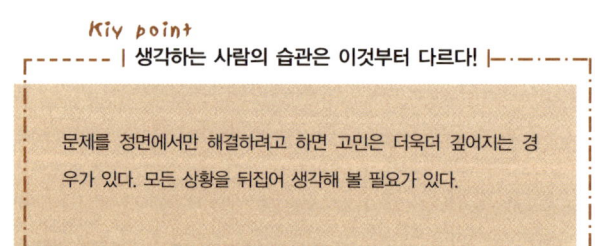

| 생각하는 사람의 습관은 이것부터 다르다!

문제를 정면에서만 해결하려고 하면 고민은 더욱더 깊어지는 경우가 있다. 모든 상황을 뒤집어 생각해 볼 필요가 있다.

감정은 그 자리에서 푼다

일단 카운슬러라는 직업을 가진 사람은 일상생활 속에서 마음이 넓고 온화하며 사람들과 다툼도 없을 것이라고 생각하기 쉽지만, 적어도 내 경우에 한해서는 절대 그렇지 않다.

'감정은 그 자리에서 푼다.'를 신조로 집에서는 자주 부부싸움을 하고, 직장에서도 때와 장소에 따라서는 격론이 오갈 때도 있다.

인간의 감정에는 '희로애락'이 있어 일상생활 속에서 상대에게 반드시 좋은 감정만을 가질 수 없다.

다른 가치관과 감수성을 가진 인간끼리 공존하고 있으므로 때에 따라서는 '왜 그런 말을 할까?' 하며 상대에게 화를 내는 것도 당연하다.

하지만 일반적으로는 '화를 내서는 안 된다.', '싸워서는 안 된다.'라는 사회통념이 있어 그런 감정을 가능한 한 억누르는 경우가 많다.

하지만 그런 상황이 계속 반복되면 스트레스가 쌓이고 그 결과 자신의 심신 건강을 해하는 경우도 있다.

사실 카운슬링을 받으러 온 사람들은 이런 사람들이 대부분이다. 예를 들어 심리 테스트 중에 문자완성법이라는 것이 있는데 이 테스트를 해 보면 다음과 같은 특징을 발견할 수 있다.

이 테스트는 예를 들어 '나의 실패', '세상' 등의 자극적인 말을 넣어 적당한 문장을 완성시키는 것으로 그중에 '분쟁'이라는 말에 대해서는 '싫다.'나 '절대로 해서는 안 된다.'와 같이 단호하게 거부 의사를 표현하는 사람이 많다.

반면에 일반적으로는 '때론 필요할 때도 있다.'나 '가능한 한 피하는 게 좋다.'라는 정도로 보다 유연한 대답을 하는 경우가 많은 것 같다.

감정이라는 것은 제아무리 참고 억누른다고 해서 결코 사라지는 것이 아니다. 억누르면 억누를수록 그 골은 깊어지고 커져 언젠가 폭발할 위험이 있다.

이것을 방지하기 위해서는 '싸움을 하지 않는다.'보다 '잘 싸운다.'가 중요하다. 자칫 화나 한을 참고 쌓아 뒀다가 감정이 폭발해버려 수습이 불가능한 상태에 이르게 된다.

그러므로 '잘 싸우기' 위해서는 먼저 화가 쌓이기 전에 그때그때 해결하는 일, 즉 '감정은 그 자리에서 푼다.'고 하는 것이 중요하다.

Kiy point
| 생각하는 사람의 습관은 이것부터 다르다! |

감정이라는 것은 제아무리 참고 억누른다고 해서 결코 사라지는 것이 아니다. 억누르면 억누를수록 그 골은 깊어지고 커져 언젠가 폭발할 위험성마저 있다.

 # 마음의 배터리

　차는 배터리 에너지로 엔진을 돌려 달리게 하면서 엔진의 힘으로 충전기를 돌려 배터리에 에너지를 보충하는 자기충전 시스템을 가지고 있다.
　사람의 마음도 항상 80% 수준에 달하면 '가벼운 피로감'과 '쉬고 싶은 마음'이 생겨, 충분한 휴식을 취해야만 재충전이 된다. 다시 80% 이상으로 회복하지 않으면 '피로감이 커지면서 몸 상태의 부조화'가 나타나고, 에너지 소비가 70%에 달했다는 것을 알려주는 황색경보가 점멸하기 시작한다.(표1 참조)

표 1 소모수준과 충전법

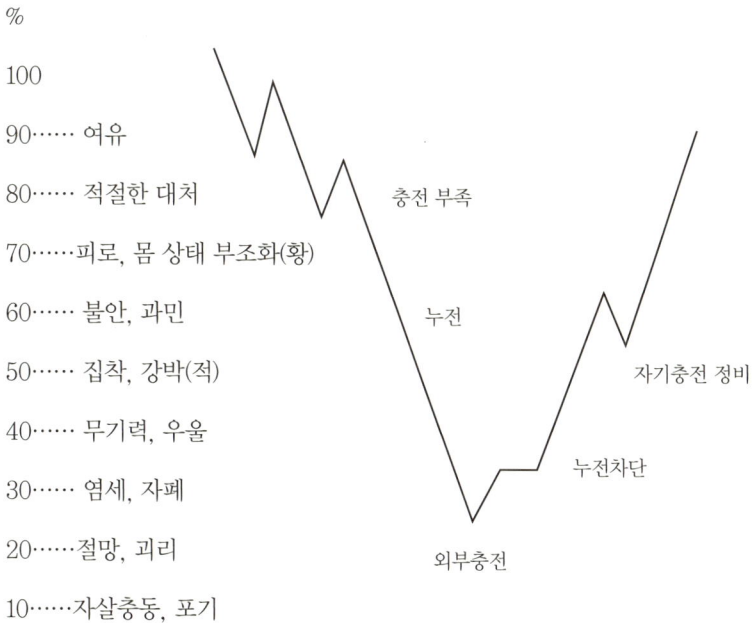

대부분 이쯤에서 '노력'을 중단하고 수면과 휴식을 취하고, 맛있는 음식을 먹거나 담소를 나누는 등 자연스럽게 충전회로가 작동해서 회복할 수 있게 행동을 취하지만 이 충전회로가 고장 나면 마음의 에너지는 거의 사라져 '불안, 신경과민의 경향'(60% 수준)이 강해지게 돼 일상 행동에 이상이 발생하고 자기가 마음먹은 대로 조

정할 수 없게 된다.

특히 마음의 갈등이 지속돼 불필요한 에너지 소모로 누전회로가 열리면 소모는 더욱 가속화돼 '집착과 이러지도 저러지도 못하는 초조감이 강해지는(50% 수준)' 등, 적신호가 점멸하고 결국 우울상태나 자폐상태에 빠져 주변 사람들의 도움(외부 충전)이 필요한 상태가 된다.

만약 이때 올바르게 대응하지 못하면 에너지를 고갈시켜 염세, 절망감을 더욱 강하게 해 결국 '죽음'에 대한 관념이 농후하게 된다.

따라서 소모가 극심할 때일수록 불필요한 몸부림 등의 누전회로를 차단하고 에너지 회복을 기다리며 서서히 충전회로를 정비할 필요가 있다.

소모 상태에서 충전방법은 '수면과 휴양'이 제일이고 이 충전을 통해 '마음이 편안해지면서 있는 그대로 받아들이려는 안도감'이 생겨난다.

그리고 에너지 충전의 중요성을 인식하게 됨으로써 '좋았다.', '즐거웠다.', '최고' 등의 기분을 맛보게 됨은 물론 충전이 가능해지고, 드디어 실패나 불행조차 인정할 수 있는 80%의 안정된 충전상태로 회복돼 다시 건강한 자기충전 시스템이 작동하게 된다.

그러므로 평소에 소모와 함께 보내지는 사인을 면밀하게 관찰하고, 고민과 갈등 등의 누전을 줄여 편안한 마음과 작은 행복까지 소중하게 여길 줄 아는 것이 충전의 고수이며 마음의 병에 잘 걸리지 않고 인생을 여유롭게 살 수 있는 비결이라고 할 수 있다.

Kiy point
┌─────┤ 생각하는 사람의 습관은 이것부터 다르다! ├─────┐
│ 소모 상태에서 충전방법은 '수면과 휴양'이 제일이고 이 충전을 │
│ 통해 '마음이 편안해지면서 있는 그대로 받아들이려는 안도감'이 │
│ 생겨난다. │
└─────────────────────────────────────┘

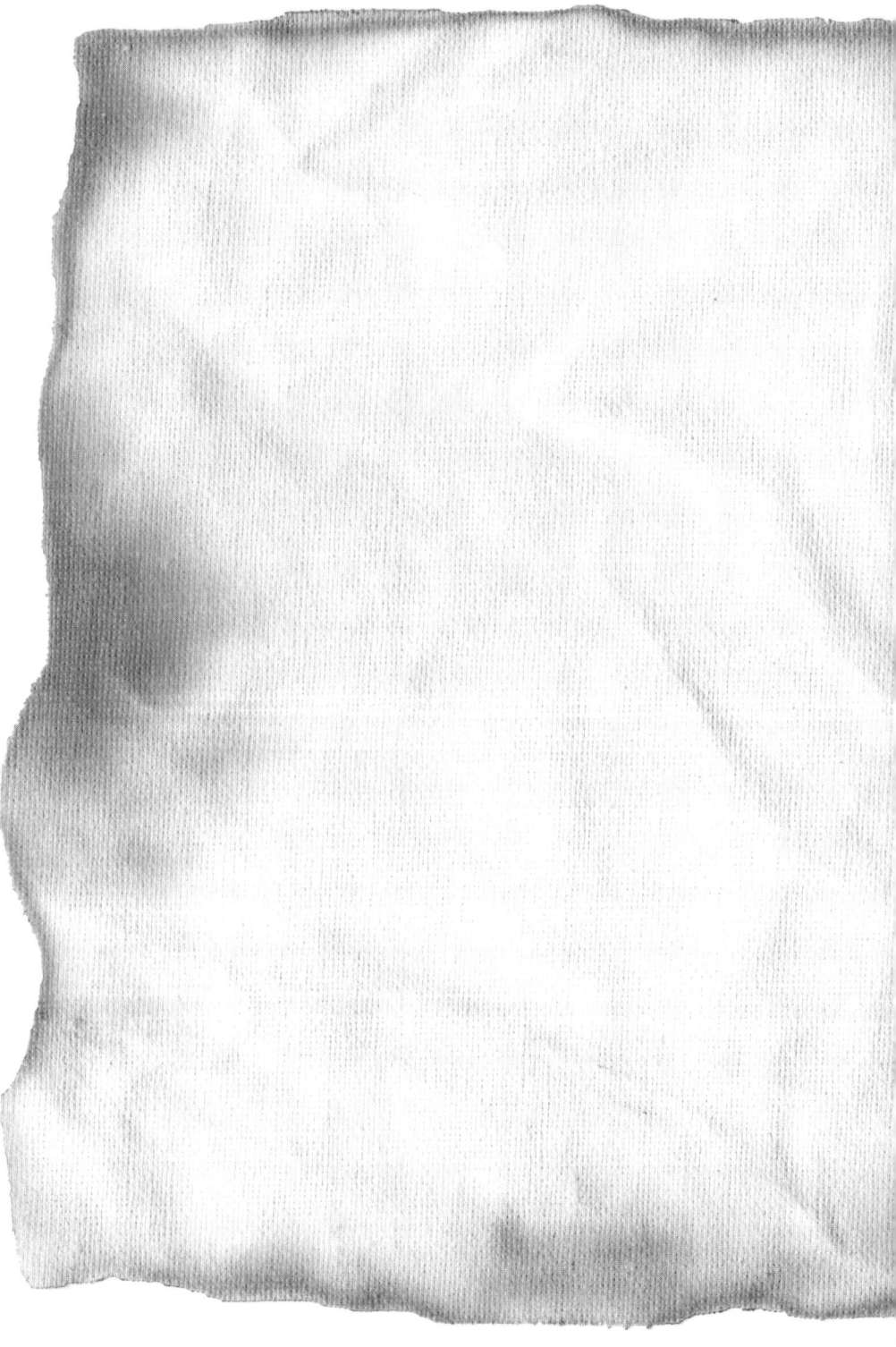

제5장

비상을 꿈꾸는
힘의 날개

마음의 정리

 '마음의 정리를 한다.'는 말을 평소 자주 듣는다. 이 말은 왠지 깔끔하고 후련한 느낌이 들어 긍정적인 이미지를 연상하게 하는 듯하다. 하지만 이런 인상과 달리 마음이라는 것이 그렇게 간단히 흑백논리와 두부를 자르듯 단칼에 정리되는 것인지 의문이 생긴다.

 오히려 마음이 불안정하게 정리돼 뭔가 빠진 느낌이 들거나 애매하고 어정쩡한 기분을 떨칠 수 없었던 바로 그 순간, '마음의 정리'를 하고 싶어지지만 실제로 정리를 한다는 건 그리 쉽지 않고 이상주의적인 느낌이 강하다고 할 수 있다.

 타이틀에는 언뜻 보기에 전혀 관계가 없을 것 같은 문구를 내걸었다. '눈앞의 것에 욕심을 내지 않는다.'는 것은 일반적으로 추구하는 것으로, 눈앞의 것에 욕심을 내는 것은 시야가 좁아져 앞을 내다

볼 수 없다는 것, 그리고 속물적인 욕심이라는 부정적 견해가 강하다. 분명 눈앞의 것에 욕심을 내지 않고 자신의 마음을 제어하며 유지하는 모습은 그야말로 수도승이나 현대에 살아남아 있는 '검객'을 연상시킨다. 그리고 이런 이미지와 우리가 품고 있는, 흔히 말하는 '성실한 사람', '예의 바른 사람', '정직한 사람' 등과 같은 인물상과는 그 내면에 공통된 감각이 있는 것처럼 여겨진다.

이처럼 '정직'한 삶을 살아가는 사람들은 대부분 사람의 마음도 정리가 된다고 생각하면서, 끝없는 욕망이 겉으로 드러나지 않게 노력한다. 속물적인 욕구는 나쁜 것으로 여기면서 본질을 추구하는 높은 이상 때문에 자신에게 엄격하다.

스스로 '검객' 풍의 삶을 이상이라고 말하며 과거를 버리고 눈앞의 것에 흔들리지 않는 삶을 살고 싶다고 찾아온 O씨. 마음의 정리에 강한 집착을 보이는 O씨와 같은 매우 '정직'한 사람에게 나는 아주 냉정하게 이런 말을 하곤 한다.

"마음을 마주하고 정리를 하려고 하는 것은 대부분 실패로 끝나고 맙니다. 마음은 정리할 수 없는 것이며 그럼에도 불구하고 정리하려고 하면 '정리할 수 없는 병'이라는 더욱 힘든 고통을 짊어지게 됩니다. 마음은 정리된 것처럼 느껴지거나 그렇게 느껴지지 않거나 하는 것으로 이것을 반복하는 게 자연스러운 것입니다. 결코 불변부동의 것이 아닙니다. 정리라는 말을 일단 머릿속에서 털어버리고 정리되지 않은 상태로 눈앞의 것부터 착수하는 것이 좋을 것입니다. 눈앞의 것에 욕심을 내는 것은 자연스러운 것입니다. 먹고, 배설하고, SEX를 하는 것이 바로 그 좋은 예입니다. 욕심에 깨끗하고 더러움의 구별은 전혀 없습니다. 욕구에 시달리는 게 싫다면 싫다고 느끼는 채로 눈앞의 욕심에 충실한 게 좋을 것입니다.

눈앞의 욕구에 따르다 보면 감출 게 없는 자신의 모습이 바로 거기에 있다는 걸 깨닫게 될 것입니다. 과거와도 미래와도 관계가 없는 그 순간만의 자신이 좋은 것입니다."

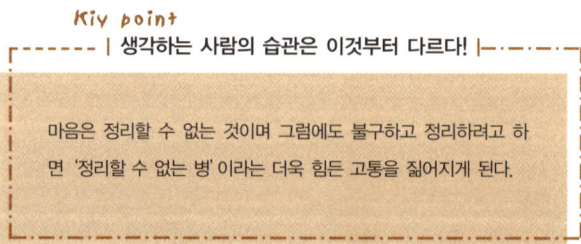

마음은 정리할 수 없는 것이며 그럼에도 불구하고 정리하려고 하면 '정리할 수 없는 병'이라는 더욱 힘든 고통을 짊어지게 된다.

몸은 거짓말을 하지 않는다

　내가 어릴 적에는 영화나 TV에서 서부영화가 자주 방영됐다. 존 웨인과 같은 총잡이를 동경해 부모를 졸라 장난감 권총을 손에 넣었다. 그리고 벨트를 약간 느슨하게 하고 총을 찬 다음 거울 앞에서 총을 빨리 쏘는 연습을 했다.

　서부영화에서는 평화로운 마을에 악당들이 나타나 사람들을 괴롭히고, 정의의 총잡이가 등장해 결투로 악당들 뒤를 쫓는다는 스토리가 대부분이었다. 가끔 인디언 부락이 배경이 되면 정의의 총잡이는 꼭 추장의 딸과 사랑에 빠지지만 결국 홀로 황야를 향해 떠나는 마지막 장면으로 마무리된다.

　그리고 서부영화에 인디언이 등장하면 꼭 나오는 대사가 있다.

　"백인 거짓말 해, 인디언 거짓말 안 해."

TV 영화였으므로 당연히 우리말로 더빙했지만 그 독특한 억양은 아직도 기억에 생생하다.

내가 대학에서 심리학을 공부하고 있을 때 한 교수님이 강의 중에 다음과 같은 이야기를 했다.

"인간의 마음은 거짓말을 하지만, 몸은 거짓말을 하지 않는다."

이 말을 들었을 때 나는 과거 서부영화 속에서 인디언이 말했던 그 독특한 억양을 떠올리며 그 말투로 중얼거렸다.

"인간의 마음 거짓말 해, 몸은 거짓말 안 해."

인연이라고 하기는 좀 그렇지만 나는 현재 심료내과에서 일을 하고 있다. 여기를 찾는 환자 대부분이 마음의 고민이나 불안을 호소하는 것이 아니라 몸이 어디가 아프다거나, 소화기나 호흡기 계통의 상태가 좋지 않다고 호소한다. 심신증이라는 이름이 꽤 널리 알려졌다고 생각하지만, 이것을 간단히 정리하면 마음의 문제와 깊은 관계가 있는 증상을 말한다.

심신증의 범주는 상당히 폭이 넓어 두통이나 어깨 결림 등도 만성이 되면 심신증 증상이라고 할 수 있다. 이런 경우 머리나 어깨와 같은 육체적인 이상이 아닌 경우가 있다.

아마도 그 사람이 살아가는 데 있어 정말 '머리가 아픈' 상태이거나 '어깨가 결릴' 만한 고민을 하고 있을 것이라고 우리와 같은 심리 카운슬러들은 추측한다.

하지만 이런 상황임에도 불구하고 그저 무시하고 계속해서 무리를 하는 게 일반적인 것 같다. 자기 자신은 어디까지나 몸 상태가 좋지 않은 것에만 집착한다. 바로 이것이 마음이 거짓말을 한다는 것이다.

| 생각하는 사람의 습관은 이것부터 다르다!

자신은 감추고 있다고 생각하지만 우리의 몸은 솔직하게 자신을 표현한다.

끝까지 들어도

어떤 사람이 애완견이 죽은 이야기를 해주었다.

"귀여워하던 애완견이 죽었어요."

"정말 안됐습니다. 쓸쓸하시겠어요."

"아니요, 이제 좀 살 것 같아요. 남편이 개를 좋아했고 저는 개를 별로 좋아하지 않았어요. 어지럽히고, 손도 많이 가고, 개가 죽고 나니 살 것 같아요."

"그거 잘 됐네요."

이처럼 말은 끝까지 듣지 않으면 알 수 없다. 미리 자기 마음대로 판단해서 상대를 이해하지 못하게 되는 경우가 많다. 여기까지는 카운슬러의 이론이다.

카운슬링을 하다 보면 이런 일이 왕왕 있다. 하지만 이야기를 끝까지 들으면 더더욱 복잡해지는 경우도 있다.

"저는 틀림없이 그렇게 생각하고 있었어요. 하지만 최근 개가 죽고 나서 매일 보던 얼굴이 보이지 않자 쓸쓸한 것 같아요."

"네?"

"살아 있을 때는 그렇게 귀찮더니 죽고 나니까 그리워지네요. 제가 실제로는 개를 좋아하는 것 같아요."

"그래요? 실제로는 개를 좋아하시는 것 같다고요?"

"네, 죽고 나니 그런 생각이 들어요."

여기까지 듣고서야 겨우 상대가 말하고자 하는 게 뭔지 알게 됐다. 하지만 좀 더 이야기를 나누다 보니 다시 뭐가 뭔지 모르겠는 것이다.

"하지만 산책을 시키거나 돌봐줄 필요가 없어 편해졌으니 잘된 것 같아요."라고 마음이 왔다 갔다 했다. 자기 자신의 마음을 잘 알지 못하기 때문이다. 이야기를 끝까지 들어보면 처음과 끝이 전혀 다른 경우도 가끔 있다. 성급한 판단도 안 되겠지만, 이야기를 끝까지 다 들었다고 확실해지는 것도 아니다.

"아무래도 개가 죽어 편해진 면과, 죽어서 쓸쓸한 두 가지 마음이 양립하고 있는 것 같군요. 어느 쪽이 강하다고 단정할 수는 없지만."

이 또한 카운슬링의 원칙에 충실한 것이다.

"그건 아무래도 상관없어요. 그것보다 남편과 의견대립이 심하고 성격도 맞지 않아요. 남편이 쓴 물건, 가지고 있는 것들을 보거나 손대는 것조차 싫어요."

"남편과 원만하지 않다는 말씀인가요?"

"네, 헤어지고 싶어요."

"이혼하고 싶다는 말씀이군요."

"그래요."

문제는 애완견이 아니라 부부문제로 발전해 버린다. 이혼에 대한 문제라는 건 알겠지만 이런 경우 이야기를 시작할 때부터 이야기를 다 들을 때까지 도통 감을 잡을 수가 없다. 나는 물 위에 떠 있는 낙엽처럼 바람에 떠다닐 뿐이다. 하지만 확실히 하기 위해서 물어보았다.

"그런데 이혼과 애완견이 죽은 게 무슨 관계가 있나요?"

"아니오, 전혀 관계가 없어요."

이야기를 끝까지 다 들어봐도 결국 알 수가 없었다. 카운슬러는 아무것도 모르는 채 그저 이야기를 들어줄 수밖에 없다.

이야기를 끝까지 들어보면 처음과 끝이 전혀 다른 경우도 가끔 있다.

마음의 감기

누구나 조심을 하지만 감기에 걸리고 만다. 두통, 콧물, 오한, 이럴 때는 감기약을 먹고 한숨 푹 자고 일어나는 것이 최고다.

사람들은 몸 상태에는 민감하지만 마음의 상태에 대해서는 과연 어떨까? 내게 어떤 사람이 상담을 위해 찾아왔다.

"저는 입사 3년 차 회사원인데 최근 업무에 자신이 없고 의욕도 생기지 않습니다. 어떻게든 벗어나려고 해도 몸이 무거워 말을 잘 듣지 않습니다. 왠지 모를 불안감에 쫓기고 있습니다. 밤에도 잠을 자지 못하고 기분도 축 늘어집니다. 거래처 사람들과 만나면 너무 긴장해서 자신감을 잃어버리고 맙니다. 게다가 입맛도 없고요."

이렇게 말하는 그는 피로에 지친 모습이 역력했다. 원래 성실했던 이 사람은 기분이 축 늘어지는 게 열심히 하지 않아서 그럴 거라고 생각하고 아침 일찍 일어났고, 운동부족이 아닌가 싶어 퇴근 후에는 헬스클럽에도 다녔다. 기분 전환을 위해 영화도 봤다. 하지만 전혀 좋아질 기미가 보이지 않았다. 오히려 이전보다 더 피곤해졌다.

직장생활은 정말 힘들다. 업무에 지치고, 주변의 눈치를 살피며 심신이 모두 지치게 된다. 하지만 이 사람의 해결 방식에는 의문점이 있다. 나는 넌지시 이런 말을 던져봤다.

"입사 1년 차에는 필사적으로 일을 배우려는 욕심에 피곤이 뭔지도 모르고 지나갔을지도 모릅니다. 일에 점점 익숙해지고 사람들과도 친숙해진 3년 차에 접어들면서 조금씩 여유가 생겼을 겁니다. 반면에 불만과 피로를 느끼기 시작하는 것도 바로 이때쯤입니다. 이럴 때 마음이 해이해져 자신도 모르는 사이 '마음의 감기'에 걸리는 경우가 있습니다. 업무에 대한 안일함이 원인이 아니라 마음의 감기에 걸린 것입니다. 스스로 책임을 느껴야 할 문제가 아닙니다. 평소 감기에 걸렸을 때 책임을 지려고 하거나, 애써 무리를 하나요? 열이 나는 데 일찍 일어나 조깅을 하나요? 마음의 감기도 마찬가지로 무리를 해서는 안 됩니다. 헬스클럽보다는 푹 자고 휴식을 취하는 게 좋을 겁니다. 여유 있는 삶을 스스로 용서해주세요."

마음의 감기는 불안, 긴장, 우울함이 주된 증상이다. 거기에 불면증까지 더해지면 감기를 자각해야 한다. 감기가 심하지 않을 때는

다소 무리를 해도 상관없다. 하지만 일단 심해지면 노력과 인내로 낫지 않는다. 성실한 사람일수록 열심히 고치려고 하지만 감기에 걸렸을 때만이라도 여유를 찾는 것이 좋지 않을까? 스트레스가 많은 세상이다. 마음의 감기 예방에 신경을 써야 한다. 그래도 힘이 들면 마음의 감기약을 의사에게서 처방받을 수도 있다.

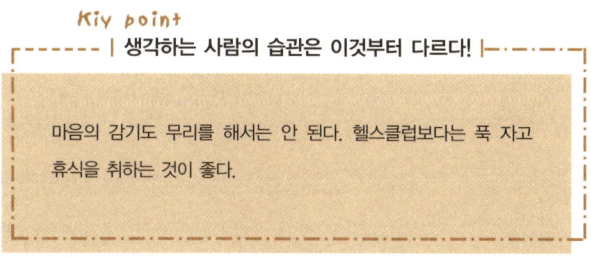

Key point
생각하는 사람의 습관은 이것부터 다르다!

마음의 감기도 무리를 해서는 안 된다. 헬스클럽보다는 푹 자고 휴식을 취하는 것이 좋다.

모르면 모르는 채로

이렇게 호소하던 클라이언트가 있었다.

"나 자신을 잘 몰라서……. 이건가 싶으면 저거고, 저건가 싶으면 이거니. 이도 저도 아닌 느낌이라 머리가 돌아버릴 것 같아요. 저 어떻게 되는 거 아닐까요? 선생님, 어쩌면 좋죠?"

"여러 가지 생각이 동시에 떠올라 어느 한 가지에 안착하지 못하고, 어느 게 진짜인지 몰라 너무 불안한 상태입니다."

"맞아요. 창피하지만 아이스크림을 먹으려고 생각하면 푸딩도 좋을 것 같고, 어느 게 좋을지 몰라서 그럼 파르페로 결정하지요. 하지만 이번에는 파르페보다 팥빙수가 먹고 싶어져서…… 이런 일로 매일 피곤해요."

"아이스크림, 푸딩, 파르페, 팥빙수, 여러 가지 마음이 있군요.

그래서 피곤하군요?"

"맞아요. '여러 가지 마음이 있다'는 게 정말 이상해요. 분명히 그런 느낌이…… 선생님, 한 사람에게 이렇게 모순된 여러 가지 마음이 있다는 건 이미 정신이 이상하다는 거죠?"

"네? 아, 그래요. 당신 기준에서 생각하면 그런 것들이 다 병이 되는 건가요?"

"네? 저는 그렇게까지 말하지 않았지만 다른 사람들은 어떤가요? 네? 다른 사람도 저처럼 같은 고민을 하고 있나요? 하지만 보통 사람의 경우 그중에 하나를 선택하잖아요. 저는 고를 수 없어 지쳐 버려요. 너무 불안해서 참을 수가 없어요. 다른 사람들은 어떻게 선택하나요?"

"글쎄요, 무얼 기준으로 선택할까요?"

"혹시…… 모두가 선택한 척만 하는 게 아닐까요? 그렇지 않다면 잘 생각하지 않고 너무 빨리 결정한 거예요. 진학도, 취업도, 결혼도, 모두 마찬가지에요. 저는 그런 것들이 항상 의문스러웠어요."

분명 그녀의 말이 맞을지도 모른다. 우리는 뭐가 진짜 정답인지 모르지만 일단 정하고 보는 경우가 많다. 하지만 그런 식으로 '일단'이나 '그냥' 정하는 것도 살아가는 데 중요하고 꼭 필요한 능력이라고 할 수 있다.

이 클라이언트의 경우 하나로 정하지 못하는 것이 문제나 과제가 아니다. 네 개면 네 개의 마음이 있다는 것을 그냥 받아들이면 된다. 그렇게 되면 대상은 '결정하는' 것이 아니라 자연스럽게 '결정될' 것이다.

> **Kiy point**
> ┌─────┤ 생각하는 사람의 습관은 이것부터 다르다! ├─────┐
> │ 네 개면 네 개의 마음이 있다. 무엇을 결정할 때 그것을 받아들이고 '일단'이나 '그냥' 정하는 것도 살아가는 데 중요하고 꼭 필요한 능력이라고 할 수 있다. │
> └───┘

오셀로 게임과 같은

 자신의 뒤를 돌아보고 후회하거나 주변을 원망하고 싶을 때가 있다. '지나간 일은 어쩔 수 없어.'라고 생각해도 마음이 쉽게 후련해지지 않는다. 과거는 바꿀 수 없는 걸까? 물론 과거의 사실은 상식적으로 생각해 볼 때 바뀔 리가 없다. 하지만 과거의 사실을 어떻게 받아들일지는 지금 자신의 선택에 달렸다. 그런 의미에서 과거는 바꿀 수 있다고 말할 수 있지 않을까?

 얼마 전에 있었던 일로, 한 남자 대학생이 카운슬링을 받으러 찾아왔다. 그는 '자신이 싫어졌다.'고 하는 것이었다. 그는 초등학교 때부터 학업성적이 우수해 선생님과 부모님께 항상 칭찬을 받았고, 본인도 그것을 자랑스럽게 여겼던 것 같다. 대학에 들어간 후 친구들과 이야기를 나누다 보니 대화에 낄 수 없다는 걸 깨닫고 꽤 당혹스러웠다. 동급생들은 어릴 적 본 TV 프로에 대해 이야기를 나누며 즐거워했지만 그는 그런 방송을 한 번도 본 적이 없었다.

그는 '나는 지금까지 대체 뭘 했던 걸까?' 라고 심각하게 고민하게 됐다. 생각해보니 꽤 많은 것을 참으며 살아온 것 같이 느껴졌다.

"결국 저는 부모가 바라는 것만 했고 자신이 하고 싶은 일은 아무것도 한 것이 없습니다."라는 것이 그가 처음 카운슬링에 찾아왔을 때 내린 결론이었다.

그의 화려했던 과거는 완전히 빛이 바랬다. 마치 오셀로 게임처럼 흑과 백이 완전히 뒤집혀 버렸다.

인생의 탑은 가끔 말도 안 되는 '장난' 을 걸어온다. 지금까지 자신이 노력해 왔던 것, 좋다고 생각했던 것들이 갑자기 아무 의미 없이 느껴지는 때가 있다. 하지만 이런 변화는 반대의 경우에서도 일어난다. 옛날에는 좋지 않았던 과거가 '자신에게 더없이 소중한 일부' 로서 빛을 발하기 시작하는 경우도 있다.

그의 경우 그렇게 되기까지는 몇 년의 시간이 필요했다. 대학 공부는 내팽개치고 마작에 빠지거나 부모에 반항한 시기도 있었지만 그런 시간들을 거쳐 그는 심리적으로 상당히 성장한 것 같았다. 그는 어느 날 이렇게 말했다.

"최근 부모님 마음을 조금은 알 것 같아요. 부모님이 저를 사랑하고 있다는 것을요. 가끔은 한계를 느낄 때도 있지만 그래도 저는 저희 부모님으로부터 태어난 것이 다행이라고 생각합니다."

오셀로 게임의 알은 바둑알과 달리 흑백이 함께 있다. 그리고 새로운 돌을 놓을수록 앞에서 놓은 돌은 뒤집어져 흑이 백이 되거나, 백이 흑으로 바뀐다.

마음의 체험도 이와 비슷한 부분이 있는 것 같다. 불확실하다고 생각하면 정말로 불확실하다. 하지만 그렇기 때문에 인생은 재미있는 게 아닐까? 열심히 하지 않으면 재미가 없다는 것도 게임과 닮았다.

Kiy point
┌─────── | **생각하는 사람의 습관은 이것부터 다르다!** |───────┐
│ 인생의 탑는 가끔 말도 안 되는 '장난'을 걸어온다. 지금까지 자 │
│ 신이 노력해 왔던 것, 좋다고 생각했던 것들이 갑자기 아무 의미 │
│ 없이 느껴지는 때가 있다. │
└───┘

반쪽의 균형

에도 시대 시조에 '맑은 냇물에 물고기가 살 수 없어 다시 탁한 연못을 그리워한다.' 라는 시조가 있다. 대부분 사람들이 살고 있는 곳은 어느 정도 더럽다.

더러운 것을 억지로 깨끗하게 하려고 하면 더러운 부분을 감추지 않으면 안 된다. 그런 이유에서 동경 디즈니랜드 지하에는 쓰레기 운반용 지하도가 여기저기로 뻗어 있다.

사람의 마음도 이와 비슷해 고민을 떠안고 고통스러워할 때일수록 적어도 외모만큼은 화려하게 치장한다. 겉치장할 시간조차 없을 정도로 고민하고 있는 사람은, 그리고 내면에도 더러움을 껴안고 있는 자신에게 질려 있는 사람은 아마도 마음이 깨끗한 사람일 것이다. 요컨대 깨끗함 반, 더러움 반, 하고 싶은 마음 반, 하기 싫은 마음 반이 함께 공존함으로써 균형이 잡혔다고 할 수 있다.

하지만 세상을 살아가야 하니 이런 선택으로 방황하고 있을 수만은 없다. 어느 하나를 선택해서 자신의 의견을 가지고 자신의 역할을 해야 한다. 놀고 싶은 마음을 접고 일에 전념하거나, 틀에 얽매이고 싶지 않다는 마음을 억누르고 사회의 톱니바퀴가 돼 돌아가지 않으면 안 된다.

이렇게 지하로 쫓겨난 '반쪽'은 지상의 '반쪽'과 균형을 이룸으로써 살아갈 수 있는 것이다. 한 번 본 것만으로는 알 수 없는 잘 노는 사람, 마음만 있는 소심한 사람, 슬픈 피에로, 겸손한 사람 등이 서로 얽혀 있는 건 바로 그 때문이다.

겉으로 지저분한 사람(괴팍한 사람이나 냉혹한 사람 등)은 그 나름대로 힘들겠지만 진짜 곤란한 사람은 겉으로 깔끔한 척하는 사람이다. 왜냐하면 이런 사람은 자신의 뒤편에 더러움의 반이 공존하고 있다는 것을 깨닫지 못하거나 잊고 있기 때문이다.

이렇게 되면 주변 사람이 곤혹을 치르게 된다. 제아무리 '훌륭한 사람'이라도 가족과 이웃으로부터 평판이 좋지 않은 건 바로 이 때문이다. 더러운 반쪽도 스스로 받아들이고 살아가는 '훌륭한 사람' 이야말로 '정말 훌륭한 사람'이 아닐까 싶다.

따라서 상담을 받으러 오는 사람들은 대부분 자신의 더러운 반쪽을 깨닫고 있는 사람들이다. 하지만 더러움이 반이 아니라 거의 전부라고 믿고 있는 사람이 많은 것 같다. 아마도 줄곧 마음속에 품어 온 신념을 부정할 수는 없을 것이다.

    나도 내 나름대로 목숨을 건 신념이 하나 있다. 그것은 몸도, 마음도 모두 지저분한 사람이 어쩌면 절대 '영혼'이 깨끗한 사람 아닐까 하는 것이다.

    한편으로 그런 것을 생각하면서 오늘도 재미 반, 억지 반으로 열심히 카운슬링을 지속하고 있다.

Key point

| 생각하는 사람의 습관은 이것부터 다르다! |

겉으로 깔끔한 척하는 사람은 자신의 뒤편에 더러움의 반이 공존하고 있다는 것을 깨닫지 못하거나 잊고 있다.

마음의 날씨

　마음의 병은 눈에 보이는 증상과 징후가 적어 주변 사람으로부터 '게으름', '투정', '제멋대로'라는 오해를 받는 경우가 적지 않다. 때문에 환자나 클라이언트는 더욱 힘든 고통을 겪게 된다.
　고등학생인 K양은 "너무 외로워서 사는 게 힘들어요. 죽고 싶어요."라며 찾아왔다. 그녀는 다음과 같이 말했다.
　"외과나 내과 환자가 부러워요. 눈으로 확인할 수 있는 병이니까요. 만약 골절이 됐거나 상처를 입었다면 얼마나 편할까. 제 마음의 고통은 눈으로 보이지 않아 부모님, 선생님, 친구들도 모두 '아무 데도 아픈 데가 없으니 열심히 해라.'라고 격려해 줘요. 그게 더 힘들게 해요."
　사춘기나 청년기의 환자 중 많은 사람이 비슷한 고통을 느끼고,

자주 손목을 칼로 긋는 등 자해를 한다. 만약 대동맥을 끊는다면 목숨을 잃을 수 있는 위험한 행동들이다.

안타깝게도 현대 사회에는 스트레스라는 마음의 바이러스가 만연하고 있다. 어른들뿐만이 아니라 아이들조차 정신 건강이 좋지 않을 때 이 바이러스에 감염되면 엄청난 사태를 초래한다.

하늘이 항상 맑을 수 없듯이 우리 마음속도 맑은 날이 있으면 흐린 날이나 비 오는 날, 때로는 폭풍우 치는 날도 있는 것이 어쩌면 당연한 것이다. 만약 '제 마음은 항상 맑습니다.' 라는 사람이 있다면 아마도 그 사람의 마음은 물 부족으로 바짝 마른 상태일지도 모른다.

마음의 바이러스에 감염되면 누구나 일시적인 부조화에 빠지게 된다. 그러므로 때때로 우리를 엄습하는 불안과 우울, 초조함 등은 흐린 날이나 비 오는 날이라고 생각하면 될 것이다. 그리고 그런 것들은 본격적인 마음의 부조화를 경고하여 예방하려는 사인과 메시지라고 생각하면 될 것이다.

마음의 부조화나 병은 눈에 잘 보이지 않는 것이며 또한 여러 가지 편견과 손가락질을 당하는 경우가 많다. 하지만 이렇게 눈에 보이지 않는 것들은, 예를 들어 시험점수의 편차처럼 확실한 숫자나 형태로밖에 나타낼 수 없는 것들에 너무 익숙하기 때문이기도 하다.

마음의 통증이나 고민이라는 눈에 잘 보이지 않는 SOS를 이해하고 해독하는 상상력이 지금 우리에게는 필요하다.

앞서 말한 K양은 자신의 마음 상태가 얼마나 위기에 처해 있는지, 눈에 보일 수 있게 손목을 그어버렸다. 하지만 그것은 아주 위험한 방법이다. 일이 커지기 전에 방법을 찾을 수 있도록 마음의 SOS를 이해할 수 있는 상상력이 필요하다.

Kiy point
| 생각하는 사람의 습관은 이것부터 다르다!

하늘이 항상 맑을 수 없듯이 우리 마음속도 맑은 날이 있으면 흐린 날이나 비오는 날, 때로는 폭풍우 치는 날도 있다.

회전문의 날개

　우리가 생명의 존재를 깨닫게 되는 것은 무언가 문제에 맞닥뜨리거나 고민으로 고통을 겪게 되면서가 아닐까? 불교에서 인간에게는 '생로병사'라는 네 가지 고통이 있다고 하며, 삶 그 자체가 고통과 연결돼 있다고 한다. 무언가 문제가 생기면 생명이 정체돼 기(근원적인 에너지)가 병들고 몸과 마음에 영향을 미치게 된다.

　이것을 예를 들어 설명하면 마음속의 영혼이라 불리는 '생명의 강'이 흐르고 있는데 장애물에 물길이 막혀 원활히 흐르지 못하는 상태가 된다. 강물이 탁해지면 정신적 증상을 일으키고 물이 넘쳐흐르면 신체적 증상을 일으키게 되는 것이다. 건강이란 병이 없는 상태를 말하는 것이 아니라 병을 이겨내는 힘, 회복의 속도, 균형을 잡는 힘이 크다는 것을 말한다. 눈에 보이는 증상이나 상황은 내적 세계의 사인이며 그 메시지의 의미를 읽어 내야 한다.

사이코 세라피스트는 클라이언트의 '고통의 미로'를 함께 여행하는 무의식 세계 여행의 가이드와 같다. 클라이언트는 '이 증상이 사라지면, 이 문제가 해결된다면'이라고 호소하면서 고통이라는 탈출구가 없는 상태에서 사고팔고(四苦八苦) 하게 된다. 그곳에서는 서로 생명에 직접 연관된 문제이기 때문에 신뢰관계가 없다면 상담은 성립되지 않는다. 그렇게 인간관계 속에서 클라이언트의 자기치유력이 활성화돼 근원적인 에너지가 자라나게 되는 것이다.

필자는 클라이언트의 문제와 증상을 통해 그 사람 특유의 고통을 생산하는 패턴을 찾는 일에서부터 시작한다. 상담에서는 고통의 의미에 대해 서로 대화를 나누고, 이미지 워크로 직면하게 하여 그 체험을 통해 미궁의 문을 클라이언트 스스로 여는 작업을 도와준다.

고통이라는 것은 불가사의한 것이라 도망치면 도망칠수록 쫓아온다. 또한 타인의 목숨에 관여하는 세라피스트가 자신의 생명에 접촉한 터지의 목숨과 연결돼 있다는 리얼리티를 느끼시 않으면 지유의 힘이 발휘되지 않는다.

우리에게는 이 세상에 태어난 의미와 넘지 않으면 안 되는 인생의 문제가 있다. 그리고 겉으로 드러난 인생의 문제와 마음속 깊은 곳에 잠재돼 있는 영혼의 문제가 하나로 이어져 있다는 것을 이해할 필요가 있다. 이런 시점에서 클라이언트를 바라보고 있으면 죽고 싶을 정도의 고통이라 할지라도 이겨내지 못할 문제는 없을 것이라 생각한다. 만약 그 사람이 자신에게 주어진 문제와 정면으로 마주하고 해결하려 한다면……. 그 문제를 해결하려 한다면 다시 자신의 생명 접촉으로 이어져, 고통의 미궁에서 자비라 불리는 통로(채널)가 저편에서 기적처럼 열리게 될 것이다. 다시 말해 고통과 자비는 회전문의 날개와 같아 우리가 고통을 겪고 있는 문제의 뒤편에는 자비가 숨어 있다.

Kiy point
| 생각하는 사람의 습관은 이것부터 다르다! |

건강이란 병이 없는 상태를 말하는 것이 아니라 병을 이겨내는 힘, 회복의 속도, 균형을 잡는 힘이 크다는 것을 말한다.

꿈과의 동행

　꿈을 분석하는 일을 하다 보면 정말 흥미로운 꿈 이야기를 많이 듣는다. 나는 이런 클라이언트들에게 항상 고마운 마음을 가지고 있다.

　하지만 항상 드는 의문이 한 가지 있다. 그것은 꿈의 의미부여에 관한 것으로 예를 들어 이런 식이다.

　"돈을 줍는 꿈을 꿨습니다. 그건 지난주에 경마에서 조금 땄기 때문이라고 생각합니다. 개에게 물린 꿈을 꾼 건 어젯밤 옆집 개가 짖었기 때문이라고 생각합니다. 하지만 배가 하늘을 나는 꿈은 꾼 건 왠지 모르겠어요."

　이처럼 평소 주변에서 일어난 일과 조금이라도 연관이 있으면 그대로 납득을 하는 것이다. 결국 대부분 사람들이 대동소이할 것이라고 생각하지만 실은 그렇지 않다.

'돈에 대한 꿈'은 최근 자신 속의 에너지가 충분하다는 것일지도 모르고, '개꿈'은 자신 속의 공격성 때문에 본인이 상처를 입게 될지도 모른다. 그것이 현실 속의 '돈'이나 '개'라는 실체를 빌어 꿈 속에 나타났다고 하는 게 맞을 것이다.

그런데 앞서 말한 바와 같이 간단히 수긍해 버리면 꿈속에서 보내온 메시지가 어둠 속으로 사라져 버리게 된다. 그렇다고 해서 반드시 꿈의 의미나 메시지를 찾아내기만 하면 된다는 것도 아니다.

꿈과의 동행에는 그 다음 단계가 있는데 바로 그것이 더 중요하다. 그것은 이렇게 꿈에 대해 이것저것 연상하고, 생각하는 등의 작업을 거친 후 그 꿈의 이미지와 허심탄회하게 동행한다는 것이다.

예를 들어 '방의 하얀 벽에 얼룩이 있다.'는 꿈을 꿨다고 치자. 이것은 '내 마음속의 얼룩'이나 '현재 생활에 뭔가 신경을 쓰지 못하는 것이 있다.'라고 생각할지도 모른다.

하지만 이걸로 모든 걸 다 알았다고 착각하면 안 된다. 이런 생각은 접어버리고 그 '얼룩'의 이미지를 '진하게' 맛보는 것이다.

'왠지 모르지만 이 얼룩에 끌리는데.'라는 식으로 받아들여 보라. 이 순간이 바로 여러분에게 꿈과의 동행에 변화와 성장을 가져다주는 하이라이트이다.

심리요법에는 놀이를 접목한 것이 있다. 예를 들어 마음의 문제가 있는 아이가 있다. 그것은 그 아이가 자신이 만든 것을 해석했기 때문이 아니라 그 이미지를 바라보고 언어를 초월한 감동을 일으킴으로써 무언가 변화가 생겼다는 것이다.

아무쪼록 좋은 꿈을 꾸길 바란다.

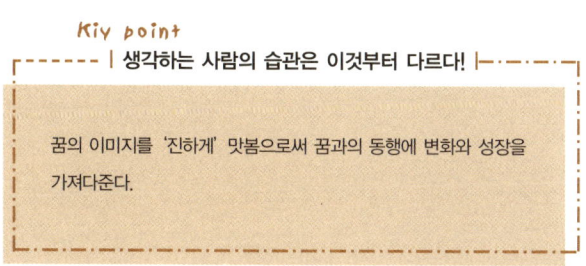

몸에서 마음으로 이어지는
릴렉세이션(relaxation: 이완, 완화)

자율훈련법 입문 STEP 1

일반적인 이완 방법으로 보급돼 있는 것 중의 하나로 1932년 독일의 정신의학자 슐츠(Johannes Schultz)에 의해 창시된 '자율훈련법'이 있다. 슐츠는 신체 상태가 좋아지는 최면 상태의 특징에 대해 조사하고 그것을 자기 자신의 암시에 의해 만들어내는 방법을 만들었다. 그 특징은

- 손발의 힘을 빼면 무거운 듯한, 마음 편한, 나른한 느낌이 든다.
- 손발의 피부 온도가 올라가면서 따뜻한 느낌이 든다.
- 호흡과 맥박이 느려지는 등의 상태로 이와 같은 상태를 만들기 위해 '무겁다.', '따뜻하다.' 등의 자기 암시를 훈련하여 단시간

에 심신의 이완과 자율신경 균형의 조정을 꾀하는 방법이다.

아침, 점심, 저녁, 잠들기 전 하루 3~4회, 한 번에 5~10분간, 아래의 순서에 따라 연습하면 된다.

① 연습 준비를 한다.
〈장소〉 몸에 정신을 집중할 수 있는 안정된 장소-조용하고, 너무 밝지 않고, 적당한 온도가 좋다.
→전등을 끄고 커튼을 치는 등.

〈복장〉 집에서 편하게 입을 수 있는 것(잠옷 등), 직장이나 외부라면 몸이 가능한 한 편안한 상태로 만든다→신발을 벗고, 넥타이나 벨트를 풀고, 시계나 안경 등은 벗는다.

〈그 외〉 배변 등, 신경이 쓰이는 용건은 연습 전에 해결한다.

② 자세를 취한다(다음 항의 그림 참조).

가능하면 편안하게 몸의 힘을 빼고 안정적인 자세, 자신이 가장 취하기 쉬운 자세를 취하면 되지만 때와 장소에 따라 어떤 자세라도 취힐 수 있는 섯이 바람식하다. 눈을 가볍게 감고 몸 구석구석의 힘이 빠져나가는 것을 확인한다.

③ 복식호흡을 3~4회 한다.

코로 천천히 배에 숨을 불어넣고 입으로 길게 숨을 뱉는다. 숨을 뱉으면서 몸의 힘을 더 빼도록 한다. 호흡이 천천히 안정되면 몸과 마음이 조금 편안해진다. 이제 평소의 호흡으로 되돌아간다.

④ '공식 언어'를 머릿속에서 천천히 반복한다.

자기 암시를 위해 정해진 말(공식 언어)을 마음속에서 반복적으로 외운다. 일단 STEP 1에서는 기본이 되는 배경 공식을 익힌다.

배경 공식 '마음이 안정돼 있다.'라고 3~4회, 소리를 내지 않아도 좋으니 마음속으로 반복한다. 이때 무리하게 마음을 안정시키려고 너무 의식하면 오히려 긴장하게 되는 모순이 일어나므로(잠을 자려고 하면 잠이 안 오는 것처럼) '으음, 평소보다 조금 마음이 편해졌어.'라고 느낄 정도면 충분하다. 적극적으로 '안정시키려'는 것이 아니라 '안정됐어.'라고 수동적인 마음으로 멍하니 느끼는 것이 중요하다.

⑤ 소거(消去)동작을 한다.

공식 언어를 반복한 다음 그대로 일어서면 몸에 힘이 들어가지 않고 나른함이 남아 있어 머리가 멍해지고 활동하기 힘든 상태로 돼, 훈련을 끝내기 전에 매번 반드시 다음과 같은 소거동작을 해주어야 한다.

① 두 손을 꽉 쥐었다가 편다.
② ①의 동작을 몇 번 반복한다.
③ 충분히 두 손에 힘이 회복되면 두 팔꿈치를 몇 번 접었다 편다.
④ 팔 전체에 힘이 회복되면 크게 몸을 늘리며 심호흡을 한다.
⑤ 천천히 눈을 뜬다.

자율훈련법을 할 때 취하는 자세

(a) 하늘을 보고 누운 자세

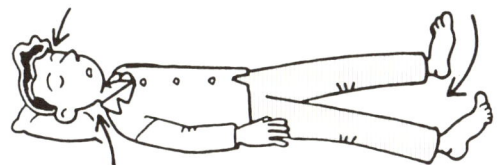

(b) 안락의자 자세

(c) 일반의자

자율훈련법 입문 STEP 2

STEP 1을 익혔다면 암시하는 말을 늘려 간다. STEP 2에서는 팔다리에 마음을 향하게 해서 이완해 나가는 연습을 중점적으로 한다.

① 연습준비를 한다.
② 자세를 취한다.
③ 복식호흡을 3~4회 한다.
④ '공식 언어'를 머릿속으로 3~4회 천천히 반복한다.
 배경공식 '마음이 안정돼 있다.'
STEP1과 동일

제1공식 〈중감 연습〉 – '두 팔, 두 다리가 무겁다.'
처음에는 잘 쓰는 팔 전체에 멍하니 주의를 기울여 '오른(왼)팔이 무겁다.'라고 반복한다. 이때도 무리해서 무겁게 하는 것이 아니라 자연스럽게 무거움을 느끼는(나른한 느낌, 편안하게 축 늘어지는 느낌 등) 것을 기다린다. 무거운 느낌이 대체적으로 전달되면 잘 쓰는 팔→반대편 팔→잘 쓰는 다리→반대편 다리로 옮겨 진행하고 익숙해지면 한꺼번에 '두 팔, 두 다리가 무겁다.'를 반복한다.

제2공식 〈온감 연습〉 '두 팔, 두 다리가 따뜻하다.'

중감 연습을 1~2주 동안(개인차가 있음) 익혔다면 마찬가지로 따뜻함을 느낄 때까지 반복한다. 팔 전체가 따뜻해지고 손바닥이 후끈후끈한 느낌이 들면 좋다. 다리는 팔보다 감각이 둔해 팔만큼 느끼지 못해도 괜찮다.

⑤ 소거동작을 한다.

자율훈련법 STEP 3

STEP 2를 익힌 상태에서 좀 더 이완이 필요하다면 다음 공식을 추가한다. 이 또한 처음부터 모든 공식을 실시하는 것이 아니라 한 공식씩 1~2주에 걸쳐 익숙해지면 다음으로 넘어간다.

① 연습준비를 한다.

② 자세를 취한다.

③ 복식호흡을 3~4회 한다.

④ '공식 언어'를 머릿속에서 3~4회 천천히 반복한다.

STEP 1, 2와 동일

배경공식 '마음이 안정돼 있다.'

제1공식 〈중량 연습〉 '두 팔, 두 다리가 무겁다.'

제2공식 〈온감 연습〉 '두 팔, 두 다리가 따뜻하다.'

STEP 1, 2와 동일

제3공식 〈심장 조정 연습〉 '심장이 조용하고 규칙적으로 뛴다.'

자연스럽게 심장 주변으로 마음을 향하게 하고 반복한다(이 공식은 심장에 질환이 있는 사람은 하지 않는 것이 좋다).

제4공식 〈호흡 조정 연습〉 '편안하게 호흡한다.'

호흡이 자연스럽게 편해지는 것을 느끼면 된다.

제5공식 〈복부 온감 연습〉 '배가 따뜻하다.'

위 주변 전체가 따뜻함을 느낄 수 있도록 반복한다(위궤양 등의 질환이 있는 경우는 배제한다).

제6공식 〈턱 부분의 청량감 연습〉 '턱이 시원하다.'

시원한 바람이 턱을 스치는 것을 연상하여 시원함이 느껴질 때까지 연습한다.

⑤ 소거동작을 한다.

STEP 1, 2와 동일

● 자율훈련법을 실시하는 데 있어서 주의사항

● 처음에는 산만해서 잡념이 생기거나 훈련에 집중하기 어렵지만 억지로 조정하려 하지 말고 자연스럽게 몸을 맡기면 된다.

● 올바르게 익혔다면 제2공식까지만으로도 충분히 이완이 가능

하다.

●병으로 치료를 받고 있을 때는 하지 않는 게 좋을 수 있으니 전문가와 상담을 권한다.

●효과가 있을 때까지는 어느 정도 연습기간이 필요하다. 매일 끈기 있게 지속하는 것이 중요하다.

●오랫동안 연습을 해도 그 느낌을 깨닫지 못하고 오히려 역효과가 생겼을 경우에는 연습방법이 잘못됐을 수도 있다. 그럴 때는 반드시 전문가의 지도를 받는 것이 좋다.

●실제로는 충분한 효과를 얻고 있지만 본인이 너무 많은 것을 추구하면 결코 만족스러운 결과를 얻지 못할 수도 있다.

마음의 일요일
초판 1쇄 인쇄 2010년 2월 15일
초판 1쇄 발행 2010년 2월 20일

지은이 스가노 타이조
옮긴이 박진배 **펴낸이** 한익수 **펴낸곳** 도서출판 큰나무
등 록 1993년 11월 30일(No. 5-396)
주 소 우)410-360 경기도 고양시 일산동구 백석동 1455-4, 1층
전 화 031)903-1845(대표) **팩 스** 031)903-1854
이메일 btreepub@chol.com
홈페이지 www.bigtreepub.co.kr

ISBN 978-89-7891-257-0 (03830)
값 12,000원

잘못 만들어진 책은 구입하신 서점에서 교환하여 드립니다.

값 8,000원